人類文明小百科

L'Égypte des pharaons

法老時代的埃及

PASCAL VERNUS 著

沈 堅 譯

三民書局

L'auteur remercie vivement
Ch. Desroche-Noblecourt, Conservateur en chef du Département des Antiquités égyptiennes au musée du Louvre, qui, avec son obligeance habituelle, lui a facilité l'accès aux documents. L'auteur exprime aussi sa gratitude à F. Gillmann et Y. Kœnig.

Crédits photographiques

Couverture : p. 1 au premier plan, *Nefertiti*, buste en calcaire provenant de Tell al-Amarnah (v. 1355 av. J.-C.), musée de Berlin, © M garete Büsing / BPK ; à l'arrière-plan, les pyramides de Gizeh, © Romilly Lockyer / The Image Bank ; p. 4 *Le Scribe accroupi*, statue l'Ancien Empire provenant de Saqqarah, musée du Louvre, © Chuzeville / RMN.

Ouvertures de parties et folios : pp. 6-7 *Musiciennes et danseuses* (détail), Collège de France, © Hubert Josse ; pp. 32-33 *Toutank* mon sur son char chasse les lions (détail), Collège de France, © Hubert Josse ; pp. 54-55 *Toutankhamon et son épouse* (détail), musée Caire, © Werner Forman Archive ; pp. 66-67 *Thouéris et Hathor* (détail), fac-similé du *Papyrus d'Ani* conservé au British Museu Collège de France, © Hubert Josse.

Pages intérieures : p. 8 musée du Caire, Photo Hachette ; pp. 9, 10 © Pascal Vernus ; p. 11 musée de Berlin, © Erich Lessin Magnum ; p. 12 musée du Caire, © Hubert Josse ; p. 13 © Pascal Vernus ; p. 17 *in* Pirenne, *Histoire de la civilisation de l'Égy ancienne*, © Hubert Josse ; p. 19 © Erich Lessing / Magnum ; pp. 21, 22a, 22b musée du Louvre, © Hubert Josse ; p. 25 musée Louvre, © Erich Lessing / Magnum ; p. 26 Museum d'Histoire naturelle de Lyon (en dépôt au musée du Louvre), Photo Hachette ; p. musée du Louvre, Photo Hachette ; p. 31 Photo Hachette ; p. 39b musée du Louvre, Photo Hachette ; p. 42 © Dagli Orti ; p. 47 musée Louvre, © Erich Lessing / Magnum ; p. 52 musée du Louvre, © Hubert Josse ; p. 58 musée du Caire, © Werner Forman Archive ; p. musée du Louvre, © Dagli Orti ; p. 61 musée du Louvre, © Hubert Josse ; p. 64a musée du Caire, Photo Hachette ; p. 64b musée Louvre, Photo Hachette ; p. 69a © B. Brake / Rapho ; p. 69b © Pascal Vernus ; pp. 71, 72 © Hervé Champollion / Top ; p.73 Ny Carlsbe Glyptothek de Copenhague ; p. 75 musée du Caire, © Hirmer Fotoarchiv ; p. 76 musée du Caire, Photo Hachette ; p. 80 musée du Louv © Hubert Josse ; p. 79 musée du Louvre, Photo Hachette ; p. 80a © David W. Hamilton / The Image Bank ; p. 80b musée du Cai © Erich Lessing / Magnum ; p. 81 © Gérard Sioen / Rapho ; p. 82 Collège de France, © Hubert Josse ; p. 84 © John G. Ross / Raph p. 85a Ashmolean Museum, Oxford ; p. 85b © Pascal Vernus ; p. 88 © Michel Cogan / Top ; p. 89 *Le Mystère de la grande pyrami* © Editions Blake et Mortimer ; p. 90 *Décor pour la Flûte enchantée* de Karl Schinkel, © Hubert Josse ; p. 91 © Erich Lessing / Magnum

De nombreux fac-similés de peintures égyptiennes, relevés sur leur site d'origine, ont été photographiés avec l'aimable autorisati de Jean Yoyotte au Collège de France, par Hubert Josse, dans les ouvrages suivants :
• *Ancient Egypt Paintings*, vol. I, par Nina M. Davies, The University of Chicago Press, 1936 (pp. 36a, 37, 39a, 51) ; vol. II (pp. 6-7, ﾠ 32-33, 45).
• *Paintings from the Tomb of Rekh-Mi-Rê at Thebes*, par Norman De Garis Davies, NY, The Metropolitan Museum of Art, 1935 (p. 15)
• *Two Ramesside Tombs at Thebes*, par Norman De Garis Davies, NY, The Metropolitan Museum of Art, 1927 (pp. 16, 38, 49).
• *The Tomb of Two Sculptors at Thebes*, par Norman De Garis Davies, NY, The Metropolitan Museum of Art, 1925 (pp. 23, 53).
• *The Tomb of Nefer-Hotep at Thebes*, par Norman De Garis Davies, NY, The Metropolitan Museum of Art, 1932 (p. 27).
• *The Tomb of Nakht at Thebes*, par Norman De Garis Davies, NY, The Metropolitan Museum or Art, 1917 (pp. 34-35, 36b, 44).
• *The Mastaba of Mereruka*, vol. I, par P. Duell (directeur du chantier de fouilles à Saqqarah), The University of Chicago Press, 19 (pp. 40, 43, 50).
• *The Tomb of Ken-Amun at Thebes*, par Norman De Garis Davies, NY, The Metropolitan Museum of Art, 1930 (p. 64c).
• *The Temple of King Sethos I at Abydos*, vol. I, par Amice M. Calverley, The University of Chicago Press, 1933 (pp. 68, 69c).
• *The Book of the Dead*, par E.A. Wallis Budge, Londres, British Museum, 1899 (p. 77).

Couverture (conception-réalisation) : Jérôme Faucheux.
Intérieur (conception-maquette) : Marie-Christine Carini.
Réalisation PAO et photogravure : F.N.G.
Illustrations : Yves Beaujard.
Cartographie : Hachette Classiques.

目

次

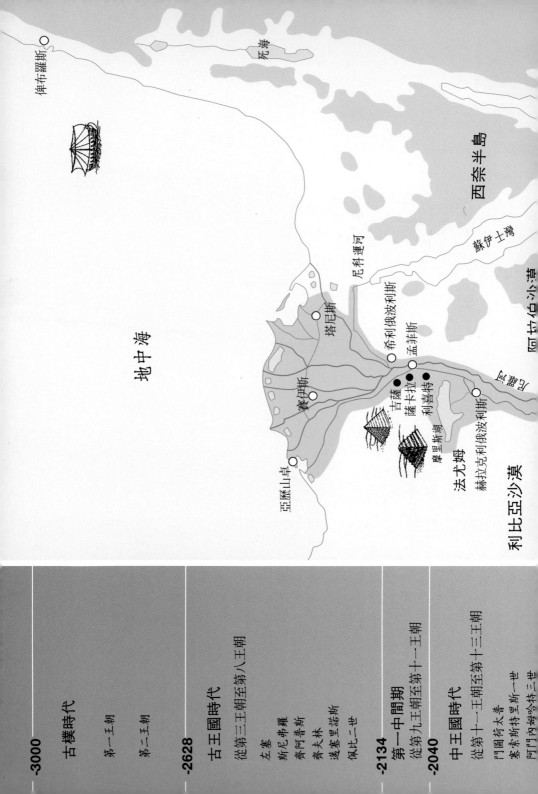

地中海

俾布羅斯

死海

西奈半島

蘇伊士灣

阿拉伯沙漠

尼羅運河

塔尼斯

賽伊斯

亞歷山卓

希利俄波利斯

孟菲斯

吉薩

薩卡拉

利喜特

冥谿巴

摩里斯湖

法尤姆

赫拉克利俄波利斯

利比亞沙漠

-3000

古樸時代

第一王朝

第二王朝

-2628

古王國時代

從第三王朝至第八王朝

左塞

斯尼弗羅

齊阿普斯

齊夫林

邁塞里諾斯

佩比二世

-2134

第一中間期

第九王朝至第十一王朝

-2040

中王國時代

從第十一王朝至第十三王朝

門圖荷太普

塞索斯特里斯一世

阿門內姆哈特三世

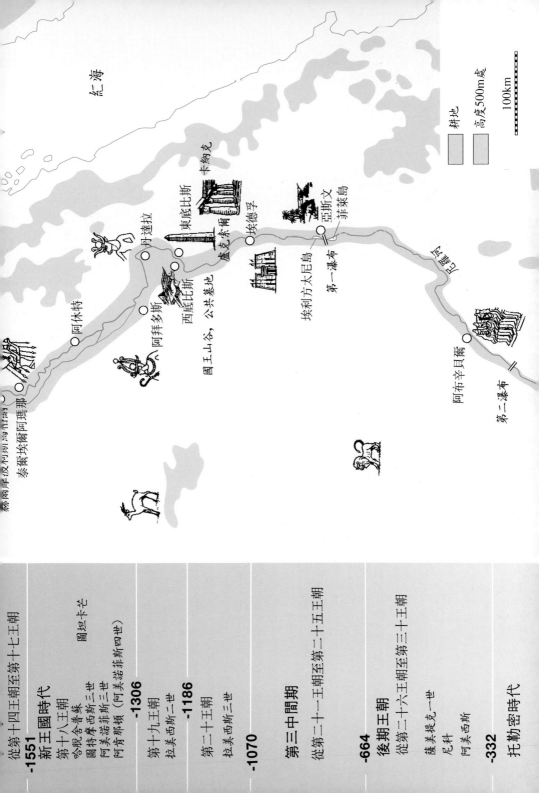

紅海

耕地
高度500m處
100km

泰爾埃爾阿瑪那（阿肯那頓在此為首都）

阿休特
阿拜多斯
丹達拉
東底比斯
西底比斯
卡納克
盧克索神廟
國王山谷，公共墓地
埃德芙
埃利方太尼島
第一瀑布
亞斯文
菲萊島
尼羅河
阿布辛貝爾
第二瀑布

從第十四王朝至第十七王朝
-1551
新王國時代
第十八王朝
哈脫合普蘇
圖特摩西斯三世　圖坦卡芒
阿美諾菲斯三世
阿肯那頓（阿美諾菲斯四世）
-1306
第十九王朝
拉美西斯二世
-1186
第二十王朝
拉美西斯三世
-1070
第三中間期
從第二十一王朝至第二十五王朝
-664
後期王朝
從第二十六王朝至第三十王朝
薩美提克一世
尼科
阿美西斯
-332
托勒密時代

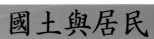

奇妙的國家

兩個國家

埃及是世界最古老的國度之一，它存在了五千多年，疆域幾乎沒有多大的變化。

這個狹長的國家分為上埃及與下埃及二部分，前者為狹窄的河谷，後者是寬廣的沖積平原。

上埃及本身又由兩部分組成：一部分是從亞斯文*（尼羅河在此跨越了被稱為瀑布*的一堵石壁）到阿休特*為止，在這裡，河谷穿行在兩堵懸崖之間，東邊的懸崖是阿拉伯沙

兩國統一

左邊有怪獸之首的是塞托神，右邊有著鷹首的是荷拉斯神，他們將上埃及的植物（燈蕊草）與下埃及的植物（紙莎草）綁在一起，意為「統一」（見p.86）。

8

國土與居民

註：帶星號*的字可在書後的「小小詞庫」中找到。

漠的起點,西邊的懸崖是利比亞沙漠的開始。另一部分是從阿休特到孟斐斯*,河谷在這裡開闊起來,尼羅河的一條支流脫離主流向西流去,接著與主流並肩而行,然後注入法尤姆的鹽湖中。從孟斐斯起進入下埃及,尼羅河分出多條支流,全部流向地中海,形成尼羅河三角洲(三角洲的英語原詞來自希臘字母Δ,即delta)。濱海地區有著一個又一個沼澤湖。

台地*與可耕地

近景是被一條古老河床貫穿的沙漠高地,高地陡然下降,構成河谷狹窄但又寸草不生的一條裙邊,這條裙邊延綿過去,就是大片的可耕地。

9

國土與居民

中埃及尼羅河東岸

在西岸，河谷延伸有30公里寬，而在東岸，河水緊靠著台地*腳邊流過。沙漠地帶建有一座現代的寺院。在尼羅河與沙漠地帶之間，只有一條狹窄的可耕地。

10

國土與居民

溫順的尼羅河

在上埃及，緊挨河流兩邊的是大片的可耕地，再遠一些是與懸崖突出部分相連的沙漠高地——台地*。下埃及則是尼羅河支流縱橫交錯的寬闊平原。當每年7月至12月河水泛濫時，整個下埃及一片汪洋，唯有村莊露出水面。然而，自從1960年亞斯文*大壩建成投入使用後，尼羅河一年一度的泛濫就再也感覺不到了。與此同時消失的還有那些曾經是紙莎草叢生，鱷魚、河馬聚集的沼澤湖。

小畫大故事

讓我們審視一篇象形文字的銘文吧,我們從中看到了什麼呢?上面密密麻麻排列著小的圖畫,畫的是人、動物和物品等。

古埃及末期的人們已不能解讀象形文字的意義。其後,許多人嘗試找回它的原意,直至19世紀初,由於在羅塞塔*發現的一塊石碑,上面有一篇用埃及文字與希臘文字寫成的文章,憑藉法國埃及學家商博良的天才,終於解讀出象形文字。

11

象形文字銘文
這篇銘文記載了神的主事、Mérib國王的兒子與其妻子的名號。

國土與居民

僧書體殘片*

殘片是石灰岩石片或陶器的碎片，用於書寫草稿或臨時文件。由於紙莎草紙並不便宜，通常用於珍貴的著作或最後的定稿。僧書體*是一種象形文字的行書或草書，它和象形文字的關係有點類似法文的印刷體與書寫體的關係。

象形文字的神祕之處就在於它完完全全是一種文字。這不是像法語那樣的拼音文字，每個字母表示一個聲音，而是一種複雜的文字系統，其中可以歸納出幾類符號。

某些符號指的就是它所畫的東西，例如鳥的畫指的就是「鳥」，稱之為表意符*。另一些符號具有語音上的價值，遵循的是畫謎的原則，(就如我們畫一隻杯子，表示「ㄅㄟ」一樣)。它們被稱為表音符*：表示一個，二個或三個輔音，埃及文字從來不寫母音。最後一類符號稱為限定符*，它們不發音，而是表示它們前面的這個詞屬於那一類詞：比如，密封的紙莎草紙表示詞義是抽象的。

象形文字系統由這三類符號組合而成。第13頁上的例子表示出該文字系統是如何運作的。這是一段鐫刻在墳墓上的說明文字，它是為了防止墳墓被人破壞，其意如下：「對於所有要做壞事的人，我就抓住他們的脖子，就如抓住小鳥的脖子一樣。」

12

國土與居民

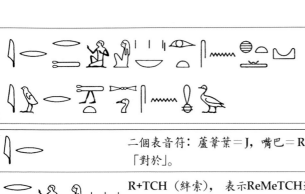

	二個表音符：蘆葦葉＝J，嘴巴＝R，可寫為JeR，意為「對於」。
	R+TCH（絆索），表示ReMeTCH這個詞的第一個和最後一個輔音，意為「人」；後面坐著的男人與女人是該詞的表意符；最後三豎是限定符，表示複數。
	表音符N+B（筐子），可寫為NeB，意為「所有」。
	表音符：眼睛＝J+R，半圓形的麵包＝T，線＝S，水＝N，可寫作表示將來時態的分詞 JeR.T.SeN，意為「將要做」。
	二個表音符：KH（篩子）+T，可寫成KHeT，意為「某事」；密封的紙莎草紙將此字限定為抽象詞。
	山為表音符，表示DJ+W，寫作DJeW，意為「壞」。
	表音符：J+W（小雞）+R，寫作JeW.eR，表示未來式的第一人稱。
	表音符：J+TCH和T，可寫作JeTCHeT，意為「抓住」。
	打結為表音符，表示 TCH+S，下面的鳥脖子是表意符，表示TCHeS，意為「脖子」。
	二個表音符S和N，寫作SeN，為所有格形容詞「他們的」。
	奶罐為表音符，表示M+J，寫成MeJ，意為「就如……一樣」。
	鳥，表意符，表示`a PeD，「鳥」。

13

國土與居民

變形的藝術表現

如果埃及藝術在我們看起來有點稀奇古怪，那是因為它建立在和我們截然不同的藝術慣例之上。埃及人和我們一樣深諳繪畫之道，但他們在表現某些物體的時候，只遵循某一套規則。下面有二則很有意思的例子。

比例不勻稱

這個畫面表現的是與兒子在一起的首相。臉是側面的，而眼睛卻是正面的！同樣的，肩膀看上去是正面的，而身體的其餘部分，如骨盆與大腿除了肚臍之外又被畫成側面像，肚臍仍是正面的。這就是埃及藝術中最為著名的慣例。我們還發現其它的一些特殊性：首相的二隻腳都是左腳，而他兒子的二隻手都是左手。然而最令人吃驚的是二人之間的比例失調：父親的身材幾乎是兒子的三倍半，這明顯與現實不符！事實上，在埃及的繪畫中，人像的比例取決於他們的等級關係，而不是他們的實際大小。

14

國土與居民

沒有透視法

這是一幅墓壁上的畫，表現二個僕人從水池中取水的場景。請注意：

· 支離破碎的線條象徵水波浪。

· 大小比例取決於所要表現的重點，而不在於實際大小。僕人的比例遠遠大於水池與樹木。樹木只有膝蓋高！在實際的比例中，或者將僕人在整體構圖中縮小（如下圖所示），或者將畫面擴大到整個墓壁。

· 缺乏透視法。水池被畫得如同豎起來一般，垂直於一邊。相反的，樹是垂直的，卻被畫成躺倒在地。尤其是這些樹都是同樣大小的，不論它們是在前景還是在遠景。在埃及的繪畫中，同類物體的大小總是一樣的，不管它們與觀察者距離的遠近。

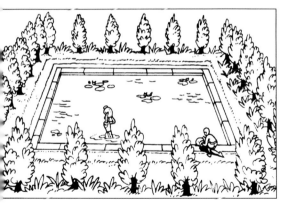

透過這兩個例子的分析，可以得出一個結論。埃及藝術不是「現實主義」的。因為它不強調真實，不強調觀察者在某一角度所看到的物體真實比例。它情願透過特殊的角度來表現它們，以它們的大小比例來暗示物體與人物的等級地位。換言之，埃及藝術是「再造」世界。

國土與居民

國土與居民

父母與子女

伊普衣和他的妻子坐在左邊接受他們子女的敬意。兒子敬獻一只水罐,上面繪有花紋圖案,罐口塞有一束花草。女兒也帶來一只罐子,還有一束花,一條花環和一件打開的冠冕形髮飾。

類似於我們的家庭

首先我們必須拋棄成見。法老確實擁有多名妻妾,有時他也和姐妹通婚,至於他是否和他女兒通婚,這一點則無法證明。他的臣民,通常只有一位妻子,而且除了表兄妹外,在親屬間幾乎不通婚。

事實上法老時代的埃及家庭像極我們現在的小家庭。它由丈夫與妻子構成，再加上孩子，有時也包括尚未婚嫁的兄弟與姐妹。

在近東社會，妻子享有令人驚奇的權利。在法律上，她與丈夫是平等的，擁有「家之女主人」之稱（埃及語中以「成家」來意指結婚）。在離婚的情況下，法律對她也有特別保護。也許她還可以自由地挑選自己的配偶，或者至少她可以表達自己的意見。她的擇偶

猴子與矮人

埃及人周圍充滿親密的伙伴。除了貓之外，他們還喜愛狗、猴子與矮人，就如這件裝飾在薩卡拉馬斯塔巴*上的浮雕局部所表現出來的那樣。

17

國土與居民

丈夫們有時害怕他們的妻子發脾氣，甚至在她們死了以後。埃及人相信死者會來糾纏活人。我們看過一封信，一位悲傷萬分的鰥夫在信中向他已故的妻子誇口他在她生前對她如何如何好，甚至在她死後，他寧願保持獨身，而不忘了她。

條件似乎十分時髦，我們從一位女孩向女神哈托爾的祈禱中可以作出這樣的判斷，她祈求道：「請賜予我一位在城市中有權有勢、美貌英俊、家財萬貫、擁有官職的貴人吧！請讓他愛上我。」一旦結婚，妻子又要向神祈求懷有孩子，因為埃及人喜愛子孫滿堂，所有男人都特別希望有個兒子，能夠傳宗接代。

呼應神靈的名字

因此新生兒是受人疼愛的。父母第一要操心的事是給孩子起個名字。因為沒有姓氏，人們相信即時的靈感。經常，人們會起一個和神靈相呼應的名字：如阿蒙霍台普這個名字的意思就是「阿蒙神感到滿意」；拉姆塞斯，意思為「這是拉神給了他生命」。有時名字也不乏田園風情，塔克勒雷特，意為「青蛙」；切夫內特，意為「水罐」。

母親將新生兒放在一只袋子裡，吊在脖子上，精心將他撫養長大。然後，孩子的家庭如果富裕，而他又是一個男孩，他就要去上學，和其他學生一起去受象形文字的煎熬。女孩跟她母親學習操持家務，一切準備就緒後，在花園裡閒來逛去，等待青年男子注意上她。

18

國土與居民

城市與鄉村

埃及城市眾多，都建造在尼羅河、尼羅河支流或人工運河附近。它們有時建有城堡，將廟宇（用石頭建造）、官府與民房（用未經燒製的磚建造）包圍在其中。如有可能會將公共墓地設在城外的台地*上。人工創建的城

德爾麥地那*的村莊

那裡位著為國王山谷*王陵工作的工匠。這裡村莊被一座圍牆圍住，圍牆用未加工的磚塊砌成，現在已經消失不見了，只剩下石頭做成的底座。

19

國土與居民

20

國土與居民

一位貴族的住房

貴族的住房有一二層，大門打開有一個柱廊，進去就是會客廳。私人的房間不是在最深處便是在樓上。廚房和食品儲藏室設在地下室、偏房或附屬間內。住房周圍有一個花園，外面是圍牆，花園裡種著樹木花草，搭有葡萄棚。有一個人工水池，水池周圍有時建有富有閒情逸致的小亭。在那裡清新的田園情趣，使人心曠神怡。

市，例如在一塊從來沒人居住的地方建立的新首都，表現出一定的城市規劃意識：按幾何形狀劃分區域，街道是筆直的，配備有排水溝，並分配計算好的水眼，房子按同樣的設計建造。

然而，自發形成的聚集地的發展卻沒有精確的計劃。由於居住空間有限，人們就在前人的廢墟上不斷地再建：因此賽伊斯*（現今的薩埃爾哈加爾）在同一塊土地上延續了5000年！

法老阿肯那頓在現在的泰爾埃爾阿瑪那建造了一座城市，這座城市長7公里寬超過1公里。王宮和大廟在城市的中央，民房散布在各處。貴族的住房都建造在一堵磚牆裡面。磚牆的寬度和長度不少於70公尺與75公尺。

家中的生活

當然，不同社會階級住不同的房子。老百姓的房子十分簡陋。面積僅為貴族住房（見旁頁）的五分之一。

21

椅子

椅子的靠背上鑲嵌著象牙的花飾，特別是蓮花飾。椅子腳成獅爪形，下面有圓柱形的墊木。

國土與居民

油燈

這是一只簡單的陶碗，在碗裡人們放一布條，布條浸在油裡。人們借助火炭將油燈點亮，然後將它置於一個高高的架子上，以便使人能更好地利用它所發出的光亮。當然，為了足夠的亮光，需要許多盞燈。所用的油燃燒時不能產生太多煙。

家具很簡單，床上有一塊墊頭木*作為枕頭。坐具各式各樣：有折疊凳、木凳、椅了、扶手靠椅等。沒有共用的桌子，只有個人用的小案几。沒有衣櫥，只有衣箱。油燈和炭盆成為最原始的起居設備。但是在埃及四季太陽普照，難道人們想要一直躲藏在住宅深處不成？

22

衣箱

這只木頭做的圓柱形衣箱外面裝飾著方格花紋圖案。人們將衣服放置其中。

胃口常開

浮雕與壁畫常呈現出堆積如山的食品、大批屠宰肥牛的大型屠宰場和向幸福的死者推薦的無窮無盡的菜單。然而此外，也有一些文件痛陳大水泛濫後的飢荒，「將麵包給飢餓的人」是經常被提到的道義。

儘管古埃及人喜愛美味的佳肴，但卻也經常面臨食品供應不足的困境。

招待客人

男賓與女賓互相分開。儀態萬千的女賓坐在華麗的椅子上。不久，年輕的女招待在女賓周圍大獻殷勤，她們從大高腳杯裡取出錐形香脂，放在女賓的頭上（圖左），或給女賓斟酒（圖右）。在有病的女賓座位下則放上一只小盆。

23

國土與居民

屠宰場

屠夫分割牛肉時首先挑選的部位是前腿。在圖的最左端，一位幫工手托一只帶嘴的罐子，用來接血。圖中央，一名屠夫正在一塊磨刀石上磨刀，磨刀石是別在腰帶上的。

基礎食品

麵包與啤酒是基礎食品。實際上麵包店與啤酒作坊是緊密相連的，在麵包房裡，人們將填滿麵糊的各種麵包模子放在火上燒烤。於是烤好的麵包可以直接食用，同時將那些烤得半熟的麵包放入椰棗香水中進行發酵，以得到啤酒。日常飲食多虧有了蔬菜、水果、糕點、蜂蜜等而得到改善。魚與家禽構成飲食中的營養品。

　　至於肉類的食用並不經常。因為在這樣一個炎熱的國家很難保證肉的日常供應，所以人們將肉留作節日食用，在那個時候，人們屠宰一些牛，牛腿是特別受歡迎的。美酒為盛宴、為人生的美好時光更增添了歡樂。一些信徒成群為他們信奉之神的健康乾杯。一位名叫阿美西斯的法老，他飲酒作樂的名聲遠甚於他的戰功！

國土與居民

有個故事講的是一位名叫哲第的城裡人，在他110歲的時候，每天還能吃500個麵包，半頭牛和100壺啤酒。不過這位先生是位特殊人物。實際上每天10個麵包和2壺啤酒就足夠了。如果有人吃不完，他就可將剩餘部分拿來換取其它食物。

用餐

埃及人每天吃三餐。他們坐著吃，不用刀叉，菜肴堆在一塊板上，人們翻找著自己要吃的菜來填飽肚子。甚至國王也用手來抓吃家禽。

值得慶幸的是邊上還放著一只水壺可用來洗手！每逢盛大的招待宴會，赤身裸體的侍者將鮮花披蓋在賓客們的身上，在來賓的頭上放上錐形香脂。這些香脂在炎熱的氣候下很快融化，一溜溜地流淌下來，這被認為是特別舒服的。

飯菜十分豐盛，大家狼吞虎嚥。有位侍女在旁邊看著，準備將那些肚飽眼未飽的先生女士們吃剩下的東西收進盆子中。

揉麵糰的僕人

他跪在小木板前，專心致志地從事著這項枯燥乏味的工作，心裡正想著他的主人將會從他勞動成果中得到的享受。這尊雕塑是放入墓穴中的，它的用意是死者在冥府也可支使他生前的僕人。

國土與居民

25

服飾

穿著白色亞麻的……

纏腰布是男性服飾上的主要特徵，人們已知的纏腰布式樣有：光亮的、有褶的、前交叉的、上端塞入腰帶的、三角前襟的、燈籠般鼓起的、雙層的、長至膝蓋以下有如圍裙的等等。

有時，男人也夢想有一件更為精工細作的衣服，比如一件既可遮住肩膀又可擋著前胸的寬大披風。

婦女穿著緊裹身子的裙子，長及腳踝部，上部齊胸，一二條背帶將之吊牢。在新王國時期，婦女們喜歡穿寬鬆與有褶的裙子，裙子有袖，在裙子外面再披一件蓋住肩膀的短披肩。不論男女，服裝均用白色的亞麻織成，亞麻布非常精細，看上去幾乎是透明的。

脂粉盒

在這只頁岩製成的鴨形脂粉盒裡，人們磨製一些化妝用品，如綠孔雀石和黑方鉛石等。這是很古老的用具，後來，人們使用的化妝品都已事先磨好，放在小袋中。

26

國土與居民

節日時的盛裝

尼弗爾荷太普和妻子美莉特正在進行向神貢奉祭品的儀式。他們穿上最美麗的服裝。尼弗爾荷太普穿一條裙子，裙子外面束著燈籠形的纏腰布，肩膀上披一件披風，任前臂露在外面。他的妻子戴著雅致的假髮，束一只髮箍，長裙飄逸，很藝術地將裙子束在胸下，有意露出一邊的乳房。她手搖祭鈴*，手臂上的兩只手鐲更顯出前臂的優美曲線。

國土與居民

考古學家布倫頓比之前的盜墓者有條理地對珊特哈索伊烏耐特公主墓進行發掘,在墓裡發現了放置公主梳洗物品與首飾的機關。發掘成果:一頂王冠、二枚胸飾、二串項鍊、二條腰帶、無數手鐲、腳鐲與戒指。這一切均是由黃金、寶石與貝殼製成。

已經有了假髮!

人們並不喜歡蓬亂的頭髮與鬍子。通常,男人會刮去鬍鬚,即使一定要「俊俏」一下,也不過戴上短短的假鬚。國王的假鬚被當作聖物來供奉,並特別安排一名貴族來維護它。頭髮同樣剪得很短。普通百姓頭上戴一頂緊套住頭部的無邊圓帽。富人們,不論男女均戴假髮。假髮的類型主要有二種:一種是短假髮,圓圓的,僅到後頸處為止;一種是更濃密的長假髮,一直垂到肩膀上。有些假髮的製作極具匠心,一部分由長長的髮綹和金屬圓片構成,另一部分是小小的鬈曲髮。女士們留著長長的頭髮,披落在兩肩上。

人人愛打扮

男人與婦女只在重要時刻或出門旅行時才穿鞋子,平常他們赤腳而行。人們愛抹香油,用脂粉盒裡研磨好的眼圈墨美化眼睛。在一個常常因灰塵造成眼疾的國家裡,這樣的打扮,既是為了美觀,也是為了衛生。男男女女都愛炫耀項鍊、胸飾、配件、手鐲、戒指、耳環等。所有的人都梳妝打扮,塗脂抹粉,來增添他們的美麗。

28

國土與居民

不甘寂寞的民族

面無表情的祭師、莊嚴肅穆的雕像和雄偉威嚴的建築物使人覺得古代埃及人只是生活在苦思冥想之中。而事實並非如此。古埃及人生性樂天，熱愛生活，懂得如何驅散憂愁。根據一位年老愛嘮叨的書記官記述，學生們去小酒館的次數比去學校要多得多。這一點我們暫且不說，當時還有其它的消遣方式。小朋友愛玩「山羊」遊戲，這是一種跳羊式的遊戲：二位同伴面對面坐在地上，另一位小朋友要從他倆頭上跳過，當他想要越過時，

音樂家與舞女

一位盤腿而坐的音樂家演奏著雙簧管，三位伙伴在旁擊掌以示節奏。和著音樂，二位赤身裸體的舞女翩翩起舞。這幅畫就其藝術品味來說堪稱傑作，而且它還包含著埃及繪畫中的一個罕見的特例：中間兩位音樂家的臉部是正面的。

29

國土與居民

法老們自己也愛娛樂。有的不厭其煩地聽古老的傳奇故事，或請人讀訴人雄辯滔滔的訴狀。第四王朝的法老斯尼夫魯偏愛不帶有文學色彩的娛樂活動。他聽從一個部下的建議，花費一整天的時間觀看20位美貌姑娘的水上嬉戲，這20位姑娘被安頓在一條大船槳手的坐板上。

坐著的二位試圖抓到他的腿。年長一些的愛玩徒手格鬥，以此來顯示他們的力量與格鬥技巧。此外，年輕的士兵在敬慕他們的觀眾面前進行棍棒決鬥，他們的左臂用皮鎧甲來保護。船員們四人一條船，所玩遊戲是用長長的篙子將對方船上的人打入水中。

集體遊戲

不是所有的遊戲都是這樣競爭激烈的。人們也懂得以平心靜氣的娛樂來度過夜晚。例如，他們玩「蛇棋」，遊戲是這樣進行的，人們畫一條卷曲盤旋的蛇，每個對手擁有一枚獅子狀的象牙棋子和若干顆滾珠，遊戲者用這些棋子在蛇身上前進，其玩法就如法國的跳鵝

埃及古象棋*

埃及有多種古象棋，圖上所示的是20格象棋，也有30格的。遊戲規則可能有點類似擲骰子跳棋或國際象棋。

30

國土與居民

棋。他們尤其會玩埃及古象棋*，這種古象棋在一張有20-30方格的棋盤上進行。在夜晚，富裕的埃及夫婦在自家花園的水池邊沈醉在對弈之中。

在上流社會的聚會中，漂亮的舞女以她們優美的舞姿來為與會者助興。為她們伴奏的樂隊包含有豎琴、詩琴、雙管笛、鈴鼓以及常在祭祀神靈時使用的祭鈴*等樂器。小號的聲音過份刺耳，只作為軍用號角。

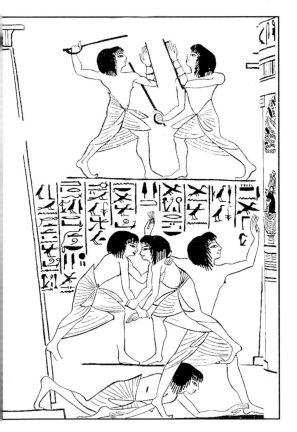

士兵比武

圖的上方,為劍杖比賽,右邊的武士一個衝刺,劍杖已觸到對手的肩上。圖的下方,是摔角。一場搏鬥剛剛結束,當失敗者被打倒在地時,獲勝者毫不掩飾他的勝利。另兩位摔角者扭打在一起：其中一位抓住了對手右手手腕的要害部位,而另一位試圖讓他放手。

國土與居民

肥沃的土地

埃及的財富

採摘葡萄

葡萄不是隨地生長的，而是生長在葡萄架上。有些地區特別以葡萄園出名：如尼羅河三角洲的東南部，沿著尼羅河一條古老支流的地區；以及三角洲的西部，這一帶至今仍然可見廣大的葡萄園；還有西部沙漠中的綠洲。此圖中，兩位僕人正小心翼翼地摘下累累碩果，並轉放到小籃子裡，或拿在手上，他們輕輕地拿，以免擠壞葡萄。

榨葡萄

葡萄堆放在石頭製的釀酒槽裡，兩根形狀如紙莎草的柱子上架著一根橫梁，橫梁上掛著些花樹條。釀酒者手拉著吊在橫梁上的繩索以保持平衡。葡萄汁流過開在槽邊的開口流到小木桶裡。接著，它們被放入有環的罈子中，用石膏封口，並蓋印。埃及人十分精於釀酒，他們給這些罈子細心地做上標籤，記上年代、產地、葡萄品種、質量以及負責釀酒者的姓名。

埃及的財富

採摘無花果

兩位僕人正在無花果樹旁忙碌著，成熟的果子掛滿了樹。他們將摘下的果子放入大筐裡。甚至他們拖也拖不動了！三隻猴子和他們展開不公平的競爭，因為猴子們能夠爬上樹枝，而不會使樹枝折斷。

耕作

兩條牛被一副捆在牠們角上並搭在牠們後頸上（埃及的繪畫慣例會將這一點遮住）的牛軛連在一起。犁轅木一端靠在牛軛上，另一端與犁側板相連。農民扶住犁把手的一邊，另一隻手揮動著鞭子。由於土地還浸潤著水，是流動的，所以不需要用力下壓，犁頭就會深入到土裡。一位男孩從他的袋子中拿出種子播撒。人們用犁把地再翻耕一下，將種子埋進土裡。

綠色的田野

每年夏季洪水泛濫的四個月裡，尼羅河水漫過它的河床，向河谷的低地湧去，並帶去一層黑油油的、肥沃的河泥。只要埃及人將河水分流，並築起土壩將河泥留住，一旦洪水退盡，田野上就鋪上了一層泥土。

於是，農民在這層還會流動的土地上播下種子，並用犁將土翻起，將種子深埋下去。必要時，人們趕來豬羊在地上踐踏，以完成將種子深埋的工作。接下去只要等待豐收就

36

埃及的財富

夠了。在溫暖的陽光下，穀物（大小麥）與亞麻無憂無慮地生長著。當然，並不是所有的地方都能從河水泛濫中受益。地勢較高的土地需要靠人工灌溉，或借助運河，或從水塘中取水。人們提水借助於一種簡陋但又十分有效，被稱作「夏杜夫*」的用具，至今還有人用。在埃及，人們種許多蔬菜，如洋蔥、萵苣、小扁豆、蠶豆、鷹嘴豆等。

在花園裡，人們種植花與果樹，如石榴、無花果、棕櫚、椰棗和葡萄樹等。

收穫

在莖部很高的地方割下來，接著堆在一個有木架子加固的網裡。然後將網掛在扁擔上，兩位挑夫將之抬走。在他們身後，兩位拾麥穗者揪著頭髮互不相讓。

埃及的財富

埃及人將可耕地分成幾類：高地，是指洪水達不到，需要灌溉的土地；低地，是由於尼羅河改道而形成的新土地；新鮮地，與其相反的是地力耗盡的地；荊棘地，需要墾荒的地；沿河岸伸展出的狹長地等等。

艱苦的勞動

從上面看來,農村的生活似乎是十分甜美的然而許多文件拿農民生活條件的艱苦開玩笑，請看下文：「難道你不知道農民的狀況嗎？當蛇取走了他們收成的一半後，河馬又取走剩餘的部分，然後他們還不得不面對力在他們土地上的稅收。老鼠活蹦亂跳，蚱蜢蝗蟲橫衝直撞，麻雀毀壞莊稼。這一邊書記官與他手持棍子的辦事員下來了。他們說：『拿麥子來。』但不再有麥子了，於是他們將農民痛打一頓。」

　　這段文字讓人看了心酸。但這份文件是一位書記官寫的，書記官們總是不忘他們的

夏杜夫 *

在乾燥的土柱子上架一根長長的木桿，木桿的一端拴著一塊平衡用的重物，另一端繫一條繩子，在繩子的底部掛著盛水器皿。花匠拉下繩子，使木桿翹向水裡，灌滿容器，然後向上拉繩索，使桿子向反方向翹起。多虧那塊平衡重物，盛滿水的容器毫不費力就提了上來。這裝置在現代埃及還十分流行。

埃及的財富

打穀與揚麥

圖的上方，兩位農民用叉子將堆在麥場上的麥穗撥到牛的腳下。如此經過牛的踐踏以後，麥粒與麥皮就分離了。圖的下方，農民用盆子將麥粒拋向天空，風吹走較輕的麥皮，麥粒便重新掉到地上。

高貴，而肆意詆毀不屬於他們階級的人。實際上農民的命運由他們的勞動條件決定。對於受雇於國家大地產上的農業勞動者，我們要為他們鳴冤叫屈。但我們卻不必過於擔心那些醉心於耕種自己土地的農夫們。

鋤

鋤是一種人們用來挖溝築壩的工具。固定在中間的繩索可以調節鋤板與柄之間的距離。

埃及的財富

家畜

我們熟知的動物

埃及人在飼養動物的種類上沒經過什麼摸索。起先，他們有長期飼養羚羊、巨羚*、甚至鬣狗的經驗，他們像填鵝似地填餵牠們！飼養結果一定是不盡人意，因為他們最終飼養的動物還是限制在人們意料之中的種類。

顯然，牛可坐上頭把交椅。埃及人將牛分成幾種：肥胖的，角如豎琴，特別適宜於食用；身體瘦長的，可作為駕車的牲口；最後還有一種從敘利亞進口的、背上有肉峰的牛。埃及人在飼養牛隻上認真細緻，很有經

填餵鬣狗

一個人抓住動物的前爪，另一個人蹲著往鬣狗的嘴裡填塞肉團，並注意不讓手指放入牠的嘴中。

埃及的財富

驗。他們舉行公牛決鬥，來挑選最好的作為種牛，他們懂得將小牛餵肥；會用烙鐵給牲口做標記；甚至還會改變牛角的形狀，一隻角可以朝上，而另一隻角可以下彎。沼澤地是牧場，放牧人毛髮蓬亂，幾乎赤身裸體，包袱捆在一根棍子上，在放牧的季節與他的牲口群吃住在一起。當然我們不應忘了還有山羊與湖羊，但與牛相比，牠們不需要太多的照料。至於豬，宗教給了牠壞名聲，人們並不太願意飼養它。

在拉美西斯三世統治的31年中，埃及寺院的牲口總數為490386頭，實際數目還需加上寺院歷年徵稅所得的1941頭和法老每年親自賞賜的20602頭。

不養雞不養駱駝

現代農民也許會對法老的飼養場裡找不到雞而感到驚訝。但古代埃及人卻處之坦然，鵝、鴨、鴿子、鵪鶉、甚至還有鶴等已足夠滿足他們的需要。

驢完全能夠勝任所有的工作，這可憐的牲口在各種重負下弓起背：如收穫時的麥捆、工具、裝黃金的袋子、裝水的羊皮袋、或者埃及大胖子！至於馬，是在新王國前不久才引入埃及的，用來執行更高貴的任務：拉戰車、拉貴族與法老乘坐的馬車等等，但實際上從來沒有人去騎在牠身上。

最後，奇怪的是，在法老時代，從來不見有人使用駱駝或單峰駝。

41

埃及的財富

穿越水塘

埃及的財富

在放牧季節，人們將欄裡的牛趕出來，帶到沼澤地去吃草。許多時候，他們需要跨越河流與水塘。放牛人於是登上一葉紙莎草莖紮起的輕舟，那麼牲口呢？牧牛人帶上一頭小牛，將他牽往水裡，小牛哞哞地叫著，隨後小牛的媽媽跟了下來，接著是所有的牛群。然而潛伏在岸邊或水中的鱷魚對這樣垂涎欲滴的獵物早已喜出望外了。這時的牧牛人只有寄望於巫術魔法。他們將手伸向水面，用食指指向鱷魚，好像要將鱷魚的眼珠挖出來似的，同時口中念誦著想使鱷魚眼睛瞎掉的咒語。

狩獵的民族

早在史前時期，當時氣候要潮溼得多，利比亞與阿拉伯高原是一片大草原，在那裡生活著以狩獵維生的民族。後來，草原枯萎了，狩獵者離開那裡，混入到河谷的農民之中，於是產生了法老文明。當然，法老文明不再以單一的狩獵為基礎，但古代的傳統卻沒有完全消失。狩獵在經濟中提供肉與皮的補充。

捕獵河馬

在蘆葦最茂密的地方，兩位狩獵者用大魚叉鉤穿透了河馬厚厚的皮。河馬勃然大怒，轉過身子，咄咄逼人，而一條鱷魚不安地待在旁邊。

43

埃及的財富

狩獵並非如圖畫所表現的那樣容易。一位名叫阿門內姆哈卜的軍官講述道，在一次狩獵中，他救了法老圖特摩西斯三世，當時他的生命受到一頭大象的威脅。

野禽與獵物

即使在河谷裡，也不缺少獵物，野鴨尤其多。有錢人駕起紙莎草小舟，手持投射棒，在沼澤地裡打野鴨玩。但這種方法，收穫不豐。因此，當有人想多一點收穫時，他就採用其它的方法：狩獵者在水塘的兩邊各布置一張大網，用誘餌將禽鳥引過來，一聽到信號，埋伏在蘆葦叢中的人一拉繩子，將池塘兩邊的網合起來，於是大功告成。如果是在三角洲沼澤地帶用套馬索捕捉野牛，那就需要法

捕鳥

一位貴族手持蛇形的投射棒，乘坐紙莎草船，在妻子與孩子敬佩的目光下，捕殺著飛禽。

44

埃及的財富

老的靈巧與勇氣，至少我們看到的當時人的敘述是這樣聲稱的。河谷裡另一種危險的動物是河馬。捕捉河馬真叫人心驚膽跳。人們用魚叉鉤將牠刺穿，魚叉鉤是和一條長繩索相連的，並裝有浮標。受了傷的野獸想要逃之夭夭，但浮標暴露出牠的退路。剩下來的事情就是儘快征服牠，以避免牠將追捕者的小船傾覆：啊，這才是真正的運動！

捕獵獅子

法老圖坦卡芒高居馬車之上，彎弓搭箭將雄獅、母獅射倒在地，同時獵狗急速地衝向獵物。兩位僕人將陽傘舉在法老頭頂。在現實中，他們大概很難追上全速前進的馬車。

沙漠中的狩獵遠征

「沙漠」裡的居民可多了：有野兔、小羚羊、大羚羊、鹿、駝鳥。牠們喚醒了埃及富人們的狩獵本性。這是顯示他們在弓箭與套馬索上技巧的好機會！對自己的本領缺乏自信的人可依賴他的獵狗，或者借助另一種方式：先將野獸逼向一個大圈了裡，然後捕殺牠們就不費吹灰之力了。

法老呢，乘馬車跑遍沙漠，追逐著獅群。有時他還會去敘利亞與蘇丹狩獵遠征，捕獲大象與犀牛。

45

埃及的財富

水，神之恩賜

尼羅河上的船

在一個尼羅河貫穿南北、河網港灣縱橫交錯、沼澤池塘星羅棋布、而且一年中有四個月被洪水淹沒的國家裡，水既是交通的障礙，也是交通的管道。「幫沒船的人渡河」是天經地義的事。乘船旅行就如太陽運行那麼自然。

船，有多種多樣。在沼澤池塘與水不太深的地方，用紙莎草莖紮起來的小舟就足夠了。人們用篙子將之撐動並把持小舟方向。某些時候，人們甚至用它運送小牛。如在尼羅河上航行，使用的是木船。重量重和體積大的貨物，比如方尖碑*這樣的東西，用平底駁船裝運，由於船上裝滿了貨物，沒地方安置帆纜索具與槳手，船要靠背縴或拖拉才能航行。要不然，船靠帆與槳就能驅動。尼羅河順流而下十分方便。溯流而上靠的是風力，那裡的風一般總是由北向南吹的。總之，在尼羅河上航行，儘管有漲水的時候，比起其他交通工具還是較為方便的。然而也免不了有些危險的意外，如河中沙洲每年都變換著位置。在南部，瀑布*成了障礙，需要開挖一條運河繞過它們。人們還在地上安裝了滑槽，通過滑槽可將船從一條河拖到另一條河中。

46

埃及的財富

有個故事講述了這樣一段情節，有位航海者駕一條60公尺長的船駛向紅海，因為突來的風暴，被海浪拋到一座無名小島上。一條蛇精將他安頓下來，使這位落難者恢復了體力，並十分友好地對待他。一天，一艘船經過，接航海者上船，並滿載蛇精送的禮品。但當船離開後，小島就消失在波濤之中。

彆腳的海員嗎?
恐怕不完全是

由於有豐富的水上經驗,埃及人很早就在海上冒險了。港口並不設在海邊,而是設在三角洲的內部,尼羅河流向大海的支流邊。在法老時代,就有條運河將尼羅河與紅海連在一起,這就是蘇伊士運河的前身。有條常用的海道從埃及通到俾布羅斯,這是黎巴嫩海岸的商站,在此埃及人將珍貴的冷杉木裝上船,將建築木材運送到埃及,這條海道還通到塞浦路斯。另一條海路是從埃及瀕臨紅海的地方出發直抵蘇丹海岸的普恩特地區,埃及人在那裡得到許多異國產品:乳香、松節油香木、象牙、烏木、猴子……(見p.48)。因為埃及人不敢到遠海去闖蕩,所以這些海路都是沿著海岸的。

裝載小麥

光是促使小麥生長,然後收穫,這還不夠。還必須將麥子運送到目的地。然而目的地可能十分遙遠,因為有些組織在很遠的地方擁有領地。運輸的重要工具是船。

47

埃及的財富

埃及的財富

遠航普恩特

埃及人常常派出巨大的
海船到蘇丹沿海的普恩
特裝載異國物品。寬厚
善良的土著居民熱情地
接待他們。

魚，窮人的財富

儘管有各種魚神，如海豚女神海特美希特，
說教式的神學家們卻禁止埃及人吃魚，他們
認為這是不潔的食物，是神所厭惡的。因此
僧侶們是不吃牠們的。

但老百姓卻視牠們為基本的食品。在撥給國家與廟宇勞動者的食品配給中，魚占了很大的比重。倘若他們不吃魚那真是太可惜了，因為尼羅河、運河與湖泊中魚類眾多，而且其中許多味道鮮美：如鱸魚、鱸魚、鰻等。對味覺器官稍微遲鈍一點的人來說，他會滿足於六鬚鯰之類的魚，肥肥的肉雖然味道稱不上鮮美，但足夠填飽肚子。埃及人吃新鮮的魚，烤著吃，但他們也懂得將魚醃漬或放在漁場上曬乾後保存起來，醃魚的臭味使行人掩鼻而逃。人們還用鱸魚子製成鱸魚子醬。

用大拉網捕魚

在船舵的一邊，漁民將一張大網放入水中，網的另一頭由另一條相仿的船上漁民拉住，這另一條船我們在圖上看不到。三位槳手將小船划動，而船長站著，高聲招呼另一條船上的漁民，指揮著他們。

魚兒滿網

捕魚成為一項重要的經濟活動。一個人也可以捕魚，只要將一根帶有魚鉤的線放到水裡，不需魚餌就行了。或者他還可以用一把杓子、或一只捕魚簍、或一把魚叉去捕魚。

負責向德爾麥地那修建王陵的工匠供應食品的漁民是絕不會失業的。事實上，每年他們要供應6公噸多的魚。每個工匠的食用量每月高達8.4公斤，即每天280公克，而工匠的總數為60多人。

埃及的財富

用網捕魚

漁民們駕起一葉紙莎草輕舟,肩上背一只背袋。大網的開口處用一只V形的木架子加固。根據埃及繪畫的原理,這個開口的形狀和原來網子所形成的錐形是一樣的,實際上網子是垂直的。

但這樣捕魚,產量不多。若要大量的魚,就要借助大漁具。二條船並排而行,兩船之間布一張大網,網的二端由兩位漁民站在各自的船上拉住。漸漸地人們將網拉向岸邊,等到一靠岸,趕緊跳上去,將裝滿活蹦亂跳魚的網拉起來。

埃及人會仔細觀察魚的習性。他們知道一年什麼時候鰡魚這類海魚會大膽地游到尼羅河中,再游回海中去產卵。總的來說,他們已能區分三種不同的鰡魚,而現在的科學家在四千多年以後,經過長期研究,也只能作同樣的區分。

埃及的財富

追求完美

讓我們到埃及文物博物館去走一走。我們對埃及藝術品的多樣化感到吃驚。除了那些紀念碑式的建築，雕塑、珠寶、木器、陶器與金銀器上精品也不少。

然而，那個時候的技術知識雖然不能說十分原始，至少也是不大先進的。因此，距今一千年前，鐵的冶煉才真正發展起來，在整個法老時代，埃及人一般使用的是石製工具。金屬工具只用在特殊用途，分發也需要錙銖必較。儘管受到這樣的制約，埃及的器

秤金屬

在左邊盤子裡的是金屬圈，在右邊盤子裡的是牛頭狀的砝碼，秤錘垂直時，表示兩端重量正好相等。

埃及的財富

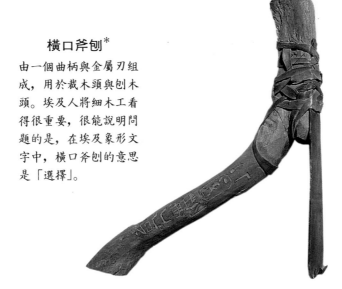

橫口斧刨*

由一個曲柄與金屬刃組成，用於裁木頭與刨木頭。埃及人將細木工看得很重要，很能說明問題的是，在埃及象形文字中，橫口斧刨的意思是「選擇」。

物在今天還是讓人們讚嘆不已。這大概一方面是由於它們的規模，同時也由於它們吸引人的外表。

報酬微薄的職業

手工工匠的工作坊一般均附屬於國家、廟宇或有錢人的莊園。某一城市常以一種特產而聞名，譬如孟斐斯*以它的兵器而享有聲譽。然而日用品則是到處都有製造。一般說來，工匠的社會地位並不高，一位書記官曾經取笑道：「我從來沒見到雕塑工匠會被委以重任。」實際上，他們常常是默默無聞的。但是，偶而也有顧客對某位手工工匠的作品感到滿

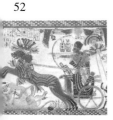

埃及的財富

意，慷慨地付一筆高報酬，並允許他將自己的名字添加到他的作品上。甚至，工匠們若為國王幹活，有時甚至可以得到特別優待。考古發掘曾偶然發現一處村落遺址，是給負責裝飾底比斯*王陵的特別工匠們居住的。對這個名叫德爾麥地那*村莊的研究表示，這裡居民的生活水平要遠遠高於普通的手工工匠。

正在做工的工匠

上圖：在圖的右端，一位細木工匠正在鋸木板；右邊與左邊有二位木器工匠正在雕琢形狀為「埃西斯結」和「哲德柱」（見p.87）的裝飾構件。下圖：在圖的右端，一位熔工與他的熔爐。在中央，二位工匠正在給金屬罐刨光。在左邊，另一位工匠用鑿子給眼鏡蛇冠飾*作最後的加工。

53

埃及的財富

法老 _____

戰爭 _____

擊潰海上民族 _____

法老

威嚴的國王

「法老」是人們對埃及國王的稱呼。在埃及語中,它的原意是「大房子」,指的是王宮,然後演進為住在裡面的那個人。實際上,國王另有完整的稱號,或稱作「五名合稱*」,有五個名字組成:它們是「荷拉斯」、「兩主宰」、「金荷拉斯」、「南北王」與「拉神之子」。最後兩個名字被寫在橢圓形裝飾框*內,裝飾框畫的是一個魔繩圈,為了容易書寫,魔繩圈被拉長成橢圓形。眾多的象徵物標示出了法老的職權:雙重王冠(表示上埃及與下埃及統一的王冠);藍色禮冠*;眼鏡蛇形冠飾*,眼鏡蛇冠飾固定在他的額頭,眼鏡蛇嘴裡吐出可消滅敵人的火焰(見p.86);最後還有各種權杖,象徵他的權威。

他的家庭用品,如假鬚、假髮、鞋子等敬若聖物,由特定貴族維護保管。

國王的衣食住行事先均安排有奢華的禮儀。他的出駕與他跟他臣民的關係都有極其細緻的禮儀規定。當一位埃及人晉見法老,他必須俯身貼地,行「聞土禮」。所有法老的行為均以誇張的詞句描寫,如當他出現在王宮的窗口時,他們稱「荷拉斯從地平線升起」。每次畫到他,他的身材總是超過其他人,和神的大小一樣。

56

權力

絕對王權

法老是一國之主，他統領政治，法令的頒布則由他的首席大臣——首相頒布。首相向他彙報情況，並將他的決定轉達給行政機構。

　　法老是一軍之帥，他在戰鬥中指揮軍隊。有關戰事的記錄表明，他參加戰鬥通常會為戰爭帶來決定性的影響。例如在一次與赫人的戰鬥中，可能由於拉美西斯二世的個人行為才使和平的局面重新建立。

　　法老是宗教首領，理論上由他來完成敬神的儀式。但由於這樣的儀式每天都得在埃及所有的寺廟裡舉行，他就將他的權利交由僧侶們代為行使。然而重大的宗教儀式，他還是親自主持，同時由他決定神廟的建設與修復。

根據王權理論，當法老作出政治決定，或在他職責範圍內任何的講話，都被認為是受到神的啟示而激發的。因此，他的講話一旦被寫在紙上，就成了法律，書面語為「敕令」，就必須按一定規格裝冊存檔。即使是一封純粹寫給他下屬的友誼信件，也是如此。在這種情況下，收信人將會對收到這樣的「敕令」感到十分榮耀，死後，他會複製一份放入他的墳墓裡。

與神親近的人

法老和神的關係是父子關係。神話中說王位繼承人的出生是由神適時借助在位國王的外貌促成懷孕的。由於法老與神仙世界有這一層親密關係，他就充當了神靈與人間的特殊仲介者。然而聰明人不會被迷惑。他知道在國王稱號虛張聲勢的背後，法老也不過是個普通人。至少有一個故事講述了國王這個所謂的「善神」、「神之子」那些不太光彩的行為。

權力

58

法老圖坦卡芒與
他的妻子

法老懶洋洋地坐在裝飾
華麗的椅子上，腳下墊
著一塊柔軟的墊子，接
受他妻子的照顧。他戴
著一頂被稱作為「三重
阿特夫*」（見p.86）結
構複雜的王冠。在纏腰
布的腰帶上他繫了一塊

披巾，披巾的下擺優雅
地從身體一側垂下來。
王后穿著一條典雅的裙
子，她的頭飾是由兩個
角圍繞的太陽狀圓片，
上面還有兩根羽毛，下
面是一頂有眼鏡蛇形冠
飾（見p.86）的王冠。

上方是圓圓的太陽，它
的光芒下端是一隻隻
手。這是阿頓神（宇宙
神）的象徵，圖坦卡芒
的前任國王阿肯那頓曾
想將阿頓神奉為埃及獨
一無二的神。

權力

文牘主義已經……

埃及文明是人類最早發明文字的文明之一，而且它廣泛地使用了這種發明。行政管理是埃及人的愛好。在古代埃及，所有的文件必須登記註冊、複製、分類存檔。國家的、廟宇的與私人領地的機構都擁有自己的行政部門，它將所有發生的、產生的事情都詳詳細細地記錄。如果沒有合乎規定的書面申請，沒有任何文件證明，你休想得到任何東西。

人們塗黑了那樣多的紙莎草紙，以致人們的活動最終被一大堆廢紙窒息了。法老時期的埃及因過分地追求完美而造成難以承受的官僚主義，而使得它本想制度化的東西癱瘓。當時人們已經抱怨方式死板，抱怨由於規定的繁複而造成的荒唐事情。

某人提出抗議，因為他被徵收他根本不曾擁有的一些人的人頭稅，而且將大寺廟巨大地產的適用標準延用到他只有二、三十畝的土地上。另一位抗議者是一位經營採石場的負責人，他十分驚訝，他被命令把他的工人帶到首都，並替他們穿衣服。整個活動需要一個星期的時間。當時有一艘空艙平底大駁船定期往來於採石場附近，如果可以用它載運所需的衣服，也許可節省六天時間。

紙莎草紙的製造：人們將紙莎草莖切成一段一段，然後將這一段段草莖豎起來劈成薄片，接著再將這些十分溼潤的薄片並排排列，其排列覆蓋的寬窄以未來之頁面大小為限，之後，人們在第一層薄片之上再以與原來薄片相垂直的方向蓋上第二層薄片。人們將這一整體反覆拍打、清洗、曬乾，然後得到一頁紙。他們再將此紙的邊上粘上另一頁紙。一卷紙一般有20頁。

權力

盤腿而坐的書記官

這位書記官盤腿而坐，紙莎草紙卷平攤在大腿上，他在其上書寫。我們可以注意到，他肚子上的脂肪皺褶是一道道的。這不是「現實主義」的手法，而是在表明這位先生享有的優越地位，不必辛苦勞動。

特權

對書記官來說真是事關重大！他盤腿而坐，手持蘆葦筆*，紙卷鋪在膝蓋上，不慌不忙地將管理數字與圖表整整齊齊地謄寫上去，正如學校裡所反覆教他們的那樣。他為他的本

權力

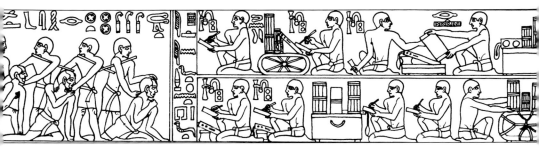

領而洋洋自得，對自己的重要性也一清二楚（他們對國家來說真的有那麼重要嗎?），他不願與農民或體力勞動者為伍，他常常取笑農民與體力勞動者生活的不如意。而他，精美的服裝、光宗耀主、生活安定才是恰如其份的表述⋯⋯養尊處優，早已腦滿腸肥，他為自己竟有這樣淵博的知識而沾沾自喜。

確實，在法老時代的埃及，掌握書寫是一小部分精英們的特權。若要給一個數字概念，人們估計他們的人數十分接近總人口的1%。這種技能上的優越保障了精英們對極大多數不識字人的統治，因此更使得這些精英人物形成階級意識。實際上，知識精英與統治精英及其助手正好是重合的。

查帳

圖左，領地的管家們看起來得不到信任，他們被衙役拖到一個由書記官組成的帳目審核委員會前。檔案員向書記官們提供他們所需的文件（圖右）。

書記官的文具板

右邊有兩個小洞用來存放黑墨水片與紅墨水片。中間有條凹槽，用於書寫的蘆葦莖（蘆葦筆*）嵌放在裡頭。在板上人們還能看到試寫的筆跡。

權力

戰爭

熱愛和平的文明，然而……

與近東其它的文明相比，法老時代的埃及廟有藹藹仁者之風。但是，它也不得不學會組織與發展它的軍事力量，其原因有二。一方面，它所使用的各種產品，或取自於與河谷相鄰的沙漠，或來自外國：譬如金、銀、銅、寶石、建築木料、植物香料等。為了保障運送路途的安全，軍隊是必需的。另一方面，埃及必須自衛以反抗外敵入侵。西克索人、閃米特游牧部落、利比亞人、海上民族、埃塞俄比亞人、亞述人與波斯人輪番進犯埃及邊界。

組織嚴密的軍隊

因此，從新王國時代起，建立了一支組織嚴密的常備軍。步兵分為四個師，以四個偉大的神的名字命名：拉、阿蒙、普塔赫（手藝人的保護神）、塞托。與步兵並列的還有我們今日機動化部隊的祖先：馬拉戰車。這支「戰車兵」是一支精銳部隊。每輛戰車由兩匹馬牽引，上面乘坐二名士兵：一位駕駛員，一位戰士。

權力

擊潰海上民族

埃　及海軍（圖左）使海上民族（圖右）遭受重創。海上民族可從他們的馬鬃盔與犄角盔識別出來。在圖下方，眾多俘虜被捆綁著帶往拘留營。一部分俘虜將在法老軍隊的補充部隊中重新使用。實際上，埃及人有將外國人徵召到自己軍隊中服役的習慣，因為他們自己不太喜歡打仗。

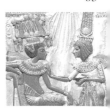

權力

戰斧與匕首

這兩件兵器屬於法老阿赫穆西斯。這是兵器中的禮器。

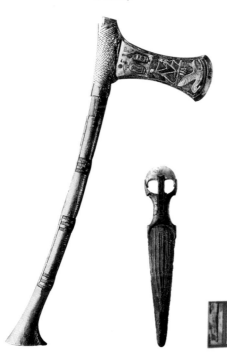

除了步兵與戰車兵，埃及還有一些特殊兵種：水兵、偵察兵、衛戍部隊、後勤兵。兵器有戰斧、長矛、標槍、弓、變形大刀、砍刀。木質表層的盾牌與盔甲保護著戰士。

反軍國主義宣傳

埃及從外國人中徵召雇傭兵，那些利比亞人、努比亞人、希臘人為法老服務。此外，也有許多埃及人以從軍為業。他們圖的是什麼？確實，一些激烈的言論給軍隊生活描繪了一

64

鎖子甲

這件鎖子甲掛在一根柱子上，柱子頂端還清晰可見。它是由一件蓋滿銅片的皮背心做成的。鎖子甲在新王國初期從敘利亞引入埃及。

權力

幅可怕的圖畫，其中說道：「他們抓住這名青年士兵，將他關入一間木棚裡。他們將他摔在地上，像打紙莎草一樣地打他。接著他出征敘利亞，他將定量的水與麵包背在雙肩，就如同驢子馱著重物。他喝的是惡臭難聞的水，只有在上崗放哨前才能休息一下。當他回到埃及時，宛若一塊被蟲蛀空的木頭。」這類反軍國主義的文學描寫是由某些書記官散布的，他們對年輕人嚮往榮耀與征服而厭惡學習深感憂慮。

事實上，埃及戰士可以得到黃金報酬，參加戰利品分配，有權接受土地的饋贈。當他年歲已高時，可以在政府部門謀得一個閒職，使他能夠過著寧靜富裕的日子。

中王國時期的 一座城堡

這是努比亞布亨城堡的重建。城牆高９公尺多，以塔樓來增強防衛。城牆之前，有一堵肩牆，肩牆本身還受到胸牆的保護。胸牆垂直向下還有壕溝。兩座塔樓之間夾著一條長20多公尺的狹窄走廊，走廊跨越壕溝，構成一扇暗門。走廊在壕溝處是斷開的，人們在其上架一塊木板，遇到攻擊時，人們可將木板抽走。

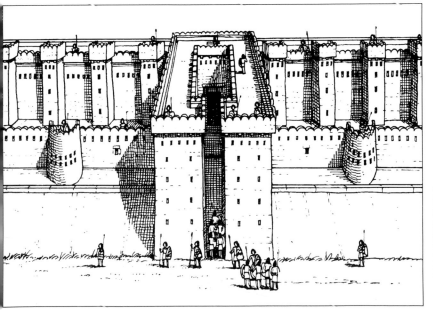

權

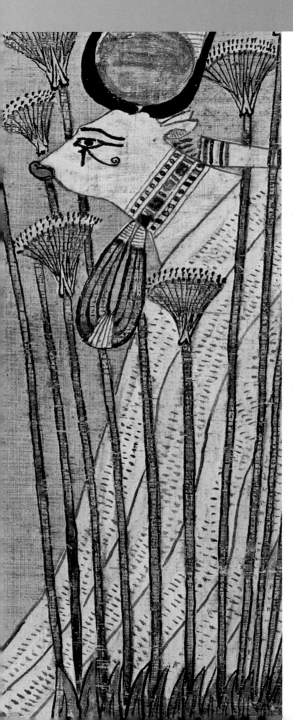

奇異的神

68

神與死者

俄賽利斯與埃西斯

法老（圖右）正在向俄賽利斯與埃西斯（圖左）上供。俄賽利斯是主管死亡之神。從前，俄賽利斯曾是一位深受老百姓愛慕的法老。他有一位兄弟，名叫塞托。塞托妒嫉他。一天，塞托終於將他殺死，並將他的遺體割成碎塊，扔進了尼羅河。埃西斯是俄賽利斯的妻子，她外出找回了這些碎塊，將身體重新組合起來，並懷孕生下一位遺腹子，名叫荷拉斯。她將孩子帶到舍米斯去撫養，那是一片瀕臨地中海的沼澤地帶，以躲避塞托的耳目。荷拉斯長大以後，殺了塞托，為父親報了仇，並繼位為法老。至於俄賽利斯，從此以後主管冥府，主持審判死者的法庭。

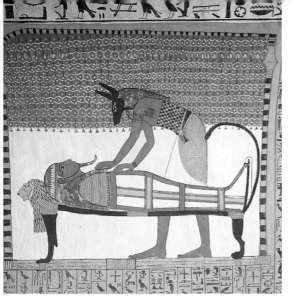

阿努比斯

這位豺神的主要功能是
監督死者的木乃伊化。
圖中他剛將一具木乃伊
梳洗完畢。

托特

托特是兩種不同動物的
化身。有時他的模樣就
如圖所示,人的身體,
白鷺之首,頭戴一頂兼
有新月與滿月的頭飾。
但有時他也呈現狒狒的
模樣,但所戴頭飾和前
者一模一樣。托特是秩
序與規則之神。當荷拉
斯與塞托爭吵不休時,
他便介入充當調停人。
作為月亮神,他確定時
間的分割,制定日曆。
他還是文字的發明者,
監督法律的實施,並給
書記官們靈感。

貓神與阿普皮斯

蛇精阿普皮斯對太陽神
拉懷有深仇大恨。每天
當拉乘坐他的飛船行過
天空時,阿普皮斯都想
將他吞下去。幸好拉組
建了一支由各路神仙組
成的近衛軍,就像圖中
的貓神。這位貓神懂得

擊退蛇的進攻。但麻煩
的是阿普皮斯儘管遭受
一次又一次的失敗,但
他並不灰心,不知疲倦
地一次次捲土重來,因
此拉必須一直不斷地對
抗他的進犯。

69

神與死者

雄偉與晦暗

在上埃及，挺立著一些廟宇雄偉的身姿，至今幾乎仍然完好無缺。廟宇總是建造在離尼羅河或運河不遠的地方，在岸邊建造著一個碼頭，以碼頭為起點築有一條通道，即神聖大道*，兩邊排列著司芬克斯*或克利奧司芬克斯*，大道直通神廟。神廟有很高的圍牆圍繞，圍牆的大門由一座巨大的塔門*罩護，一些旗桿靠在塔門牆上，旗桿上飄著焰形裝飾旗。大門前，有方尖碑*，有法老的巨型塑像，有人民的祈禱室，還有摩肩接踵的訴訟人，因為較小的官司是在此定奪的。

讓我們走進大門去看一看。裡面是個大庭院，邊上圍以柱廊。再往裡走有一間或幾間有大柱子的大廳，稱為柱子大廳*。這些柱子雕工精細，上面鑲鍍有金銀，色彩鮮艷，它們的形狀可以使人聯想起紙莎草與蓮花，柱子所支撐的天花板上畫著星狀物。

最後是名副其實的神殿。有些小神龕緊靠在牆上，裡面放著神舟、聖物與祭品等。中央有內中堂*，這間小房間裡供著神的雕像。廟堂四壁裝飾著浮雕，描繪供奉神祇的儀式。有樓梯通往屋頂，屋頂之上建造有一些小教堂。人們越往神廟裡面走，天花板就越低，地越往上斜，光線漸暗，越來越晦暗，籠罩著神祕色彩。

從前，埃及每個地方都有一座或幾座神廟。今日，由於天災人禍、歲月侵蝕，大部分神廟已不復存在。遺留下來又保存完好的都在上埃及。如果說卡納克*的神廟依舊是最為壯觀的，那麼，丹達拉和埃德孚的神廟則是最有教育意義的，儘管它們建造得較晚，但它們幾乎完好無損。

神與死者

70

眾多的附屬建築

在真正的神廟與外牆之間，有井，人們可以從中取得舉行儀式所需的水；有聖湖，有時有神舟飄浮其上；有附屬的廟，如幼神廟*，在此慶賀小神的誕生；有長生殿*，這是神學活動的中心和培養未來僧侶的學校；還有僧侶的住房和眾多的作坊、庫房和其它各種房間。

埃德孚的
荷拉斯神廟入口

入口被安排在塔門*中，由兩座高塔堡(36公尺)保護。每座塔堡上裝飾有巨大的浮雕。在每邊牆上的雨溝中插有二根高大的旗桿，上面可掛焰形裝飾旗。

神與死者

神與死者

荷拉斯神廟的庭院

我們跨進大門，就進入了一個地上鋪磚的大院子，庭院每邊都有柱廊。在節日裡，這裡擠滿了人。在庭院的盡頭是第一柱子大廳*的入口處。柱廊的柱子之間砌了一道半高牆，這樣可以讓光線透進去。

因此，神廟不僅是簡單祭神之地，它還是一個經濟細胞：它擁有土地、財產、收入和自己的管理部門。法老經常授予它特權：如免稅、庇護權等。一份在拉美西斯三世時建立的財產清單告訴我們，全國神廟擁有107615個奴隸、490386頭牲口、七分之一的可耕地。

實力雄厚的神職人員

僧侶階層在埃及社會中占有重要地位。若要成為僧侶，他必須懂得讀寫，在履行他的職責時要潔身自好，但並不要求獨身。因為在某些時候才需要他的服務，所以在其它時間他還兼做一份世俗工作。

僧侶的最高職位是先知*，有多名先知時，或稱第一先知，再下面是神父*。接下來是負責一項專門工作的僧侶，如誦經師*負責誦讀經文；占星師*專管日曆與天體運行；法

麻痺症患者之石碑

雷姆是一位貧窮的看門人，他患了麻痺症，抱著一線治愈的希望，他將自己最後的錢財獻祭給女神阿斯塔爾黛。這位女神是從敘利亞引入埃及的。

73

神與死者

為了祈求神諭,人們出示兩塊板,每塊板上是同樣的經文,但一塊是肯定回答,一塊是否定回答。神坐在船上,隨著船的移動,神指向他所挑選的那塊板,從而根據情況表示他給予肯定回答還是否定回答。

衣師*掌管聖衣、聖帶等;神學院士*為神學專家。最後是「虔信者」,他們被分派一些次要的工作,如抬船夫、廟宇作坊的工匠、灑掃庭院者等。同時還有女僧侶,如唱詩者和祭鈴*演奏者、阿蒙神的女聖愛徒、為女神服務的女先知等。此外,還有一些監管為死者服務工作的僧侶,如提供祭品的陰陽侍者*,澆祭奠酒的澆祭師*等。

法老是宗教領袖,主持主要的宗教禮儀,他將他的權利委託給先知*,由他從事日常的祭祀。天剛亮,先知向內中堂*走去,打開封條,俯身下拜,清洗神像,給他塗聖油,纏上頭帶,以香燻之,上供飯菜,然後關閉內中堂,重新貼上封條,邊擦去留在地上的腳印,邊向後退去。整個儀式都有詳細的規定。

奢華的禮儀

古埃及的節日很多,是莊重奢華的時刻。神像被請上船,僧侶們抬起船,走出廟門,引起萬眾一片歡騰。因為非宗教人員是禁止進入神殿的,所以只有在這時,他們才能一睹神像的尊顏。有時,神像在聖湖上飄游,或者甚至泛舟於尼羅河上去拜訪其他友好的神祇。經常,人們將神的傳說排演成一齣戲。譬如,在阿拜多斯*這一俄賽利斯的故鄉,神舟遭到那些扮成塞托者的攻擊,塞托是俄賽利斯的兄弟,曾將俄賽利斯殺害。接著是一

神與死者

場戰鬥,最終俄賽利斯的擁護者取得了勝利。
然後所有的人在歡樂的氣氛中重歸於好。

　　同時,當神舟出遊時,埃及人向神祈禱,
並請示神諭。神藉著船的移動來回答人們請
示的問題。船是由僧侶抬著的,所以船的移
動明顯是由僧侶們操縱的。

在阿蒙神前的
圖特摩西斯三世

圖右,阿蒙頭戴一頂有
兩根長羽毛的法帽。圖
左,法老圖特摩西斯三
世呈上香燭與奠酒。在
法老與神顏面的高度
處,法老時期的遊客留
下了一些亂塗亂畫的象
形文字。

神與死者

奇特的信仰

治病塑像

這尊塑像身上刻滿了魔語，用來保證治癒蠍蟄蛇咬……塑像豎立在公共場所，吸引著過客把水灑在它身上，這水浸潤過它身上的巫術銘文後，流到它腳下的盆子裡，病人只要將這水喝下去就行了。

有用的魔法

與宗教並肩而立，許多信仰與迷信支配著古埃及人的生活。埃及人生病後也求醫看病，但當時的醫藥是很原始的，還和巫術混雜在一起。例如下面就有一份處方，是治療一名男孩的牙病的:「人們請孩子或他的母親吃下一隻煮熟的老鼠，將老鼠的骨頭用細亞麻布條串起來，掛在小孩的脖子上，布條要打七個結。」

者

巫術還被用來祛除日常的危險。埃及常有蛇、蠍子、鱷魚騷擾為患。因此人們在家裡放上一些石碑，石碑上刻一些魔語或年幼的荷拉斯戰勝危險動物的圖像。人們希望這樣可以驅除這些動物，即使做不到這一點，也可以治好牠們的螫傷與咬傷。同樣，拜斯神是一位奇形怪狀的侏儒，人們認為他的外貌可以嚇退鬼怪，因此他的畫像被置於「要害」部位，尤其被放在墊頭木*之上，人們睡覺時要將脖子放在墊頭木上，如此這般，可以避免做惡夢。人們還希望透過魔法獲得對他還不屑一顧的姑娘的愛情，或使過於美貌

靈魂過秤

這幅靈魂過秤的畫面屬於《死者之書》，這是一部寫有保證死者在陰間繼續存活的魔語集。死者被帶到審判室。豺神阿努比斯將死者的心臟放在天平上（右盤），心臟被當作意識的棲身之處，天平的另一邊（左盤）是真理，它的象徵是一尊頭插羽毛的婦女塑像。托特記下測定的結果。

77

神與死者

拜斯神

這位可怕的侏儒，奇形
怪狀，呲牙咧嘴，但卻
是一位極富同情心的
神。一看到他的模樣，
所有的敵人都逃之夭
夭。

神與死者

埃及人相信，死人能夠
干涉活人的生活，或給
予幫助，或更經常的對
活人造成傷害，如果死
人還「有帳要算」的話。
因此埃及人寫信給他們
親近的死者，祈求死者
不要干涉他們擔心的事
情，或請求死者停止懲
罰。

78

的情敵從馬上摔下來。還有一些人遵循一本
名叫《如何返老還童》書中的箴言，希望再
回到20歲的妙齡期。人們對傳統的巫術一點
也不陌生：一位戴綠帽子的丈夫製作了鱷魚
的蠟像，將之置於情敵習慣洗澡的水池中，
然後希望用魔語將它激活，使蠟像變成真的
鱷魚而將洗澡者吞食。

令人生畏的考驗

魔法不僅能回應人間諸事，對陰間也有效。
埃及人相信，人在陰間也能享受新的生命，
但需要有一定的條件，其中要經過靈魂過秤
的嚴峻考驗。

死者被帶到一間大廳裡，俄賽利斯和42
名助手端坐在那裡。死者先要作「否認的坦
白」，即要證實他沒有犯42種主要罪行。接
著作為意識所居之處的心臟將與真理的象徵
過秤。如果天平的盤子倒向壞的一邊，那麼，
他將被交付給魔鬼。倘若不是這樣，他就可
以與俄賽利斯一起進入「清白無辜者」王國。

並不比其他民族更有德行的埃及人，十
分害怕這項考驗，採取預防措施：他們在墳
墓裡放上寫有魔語的紙莎草紙好對天平作
法。這樣，不論好壞，他們自信能夠通過陰
間的考試。

經受了3000年考驗的配方

古代埃及人被認為是熱愛生活的人，但他們
對死人的關心卻超過其他任何民族。自相矛
盾嗎？不。簡單說來，他們相信另一次生命
存在的可能，只要屍體不化為塵土，只要屍
體被安放在無法摧毀的墳墓中，只要能夠保
證向死者提供祭品。

　　精心安排葬禮可以實現第一項條件。屍
體要進行木乃伊化處理：人們取出死者的腦
子與內臟，將之存放在四個被稱為「卡諾普
罐*」的陶瓷罐中。接著，人們將香料放入屍
體裡，並放在泡鹼液*（碳酸鹽與小蘇打的混
合）中浸泡70天，使他便於乾燥。然後人們
用塗抹著芳香樹膠的細繃帶將之包紮起來，
就這樣屍體做成了木乃伊。

　　接下來是下葬儀式。在此過程中，木乃
伊被隆重地抬到墳墓的入口處，然後豎起來，
被施以開口禮：一位僧侶用橫口斧刨*點點眼
睛、耳朵、鼻子和嘴巴，是為了使這些器官
能在冥世恢復它們的功能。最後，裝著木乃
伊和陪葬家具的棺材被埋入墓穴中，永久地
封閉起來。至少人們希望如此，因為他們總
是擔心墳墓被偷盜。

金字塔形碑

在墓的入口處，經常豎
著像圖中的那種金字塔
形碑。人們在上面刻上
死者與其配偶的人頭雕
像，顏面朝東。

這座馬斯塔巴座落在大
金字塔腳下。有兩根柱
子支撐的大廳前有一塊
鋪了石塊的平臺。

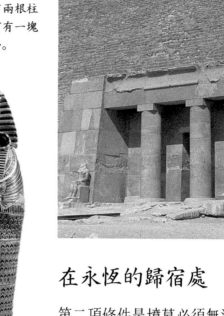

圖坦卡芒的內臟石棺

這是三具放遺體的大石
棺的縮微複製品。這具
小石棺與其它三具類似
的石棺是用來裝在木乃
伊化過程中取出的內臟
的。它以黃金製成，鑲
嵌著寶石與玻璃。

在永恆的歸宿處

第二項條件是墳墓必須無法摧毀，它是「永
恆的歸宿處」。由此產生了令世人至今仍嘆為
觀止的巨型不朽建築 —— 金字塔。金字塔是
古王國與中王國時期國王的陵墓。金字塔一
詞源出於希臘語，原指這類形狀的蛋糕……
金字塔形蛋糕！起初，墳墓上面簡單的堆起
一座土丘，接著人們用磚堆砌，這就是馬斯
塔巴*。

金字塔應運而生……

然後有人想到將幾座馬斯塔巴疊放上去，越
往上越小。約距今 2700 年，依這樣的設想，

將之改造成石頭建築，就發展成國王左塞的那種有六層階梯的金字塔。後來人們想將階梯之間的間隔填滿，經過長期摸索，最後得到了經典型的金字塔，這種金字塔最著名的代表作是齊阿普斯金字塔、齊夫林金字塔和邁塞里諾斯金字塔。齊阿普斯金字塔高147公尺，占地4公頃多！

　　入口處設在北面16.5公尺的高處，可以進入一條先往下再往上的長廊，這條長廊通向安置石棺的墓室，它位於金字塔的中央。後來的人們再也造不出能與之相媲美的金字塔。其後法老的金字塔不論在體積上，還是在總體構思上都不能與之相比。

　　到了新王國時期，就不再有金字塔了。國王被埋葬在地下陵墓*或希林潔*中，就是

吉薩的齊夫林金字塔

它的高度達143.5公尺，周邊長215.25公尺。因此它比齊阿普斯金字塔略小，也略尖。它的頂端還保留著一塊細石灰岩頂蓋，將整個塔頂覆蓋住。在金字塔內部的墓室裡，人們找到了石棺與破碎的棺蓋，而木乃伊和陪葬品在很久以前就被洗劫一空了。

81

神與死者

葬禮

在被放入圖右端的墳墓中之前，被做成木乃伊的死者接受化裝成阿努比斯神的僧侶所給予的最後照顧。在死者的腳下，他的妻子為他哀悼。兩位身披豹皮的僧侶奉上一堆祭品。其中一位手持橫口斧刨*。在圖的最左端，一位僧侶在誦讀合適的魔語。

年輕的王子圖特摩西斯在大司芬克斯*像的陰影下睡覺時，做了一個夢。夢見司芬克斯和他講話，預言他將成為國王，請求他將自己從沙土的掩埋中解救出來。後來他成了法老圖特摩西斯四世，他記得那個夢，於是將司芬克斯從沙裡清理出來，並在它的雙爪之間豎了一塊紀念碑。

神與死者

在台地*上開鑿的地下墳墓。在底比斯*的國王山谷*，這樣的地下陵墓有62座，最為著名的是法老圖坦卡芒的陵墓，儘管他是最平庸的法老之一。對於平民百姓來說，他們死後是沒有金字塔的，頂多只是在墓頂置上一塊小小的金字塔形碑。

供養周全的死者

埃及的墓地有個基本的特點：它被分成兩部分。一部分是墓穴，石棺與木乃伊被密封在裡面，人是不可進入的。另一部分為陰廟，對生者開放。對國王的金字塔與地下陵墓*來說，陰廟分一個廟堂或幾個廟堂不等，有時離真正的墳墓很遠。為什麼有這樣的區分呢？因為人能在陰間繼續生存的第三個條件是死者必須保證得到供養，即得到祭祀。確切說來，陰廟就是僧侶完成祭禮，供奉祭品的場所。祭祀包括倒水，呈上食品，念一些

可使死者享用食品的魔語。因為死者在冥界的新生活中也需要吃東西。人們認為，有時死者會變成禽鳥在陰廟中飛舞。因此人們在陰廟的牆壁上畫一些回憶他昔日活動與生活的圖畫。對死者要盡可能的經常供奉，埃及的公共墓地就如繁忙的蜂窩，在那裡，家人、僧侶、祭司、祭品攜帶者絡繹不絕，在此還不包括石匠與泥水匠，他們總是忙於建造新的永久歸宿地。

德爾巴哈利

圖左是門圖荷太普國王的金字塔（第11王朝），周圍的二層平臺是陰廟。圖右是哈脫舍普蘇王后（第18王朝）的陰廟，這位王后是埃及歷史上十分罕見的女性，她將她的侄兒圖特摩西斯三世拋棄在不為人知的地方，而自己實行統治。

83

神與死

意外的驚喜

20世紀公開的或偷偷摸摸的考古發掘已經出土了不止一件珍寶。然而英國考古學家霍華德·卡特爾在 1922 年發現了法老圖坦卡芒墓，這位法老雖然智能平庸，但他的墓完好無損，這一墓葬的發現成為所有考古中最重大的發現之一。確實，如此眾多的物品，由於它們所用的材料（金、銀、寶石……），由於製造它們所需的勞動，而無法估量它們的價值。這一堆堆的寶藏使得最有經驗的考古發掘者也會目瞪口呆。在如此多被人遺忘了3000 年而後重見天日的珍寶與藝術品面前，人們自然會提出這樣的問題：「人們還能期盼其他如此轟動的發現嗎?」

人們還能發現其他的圖坦卡芒嗎?

對此問題的回答稍有差異。事實上，在1940年，法國考古學家皮埃爾·蒙泰在尼羅河三

84

與死者

面對過去
農民們忙於他們日常的勞動，對聳立在遠處、宏偉的法老神廟遺跡並不感興趣。

角洲東北面的塔尼斯*發現了一處未經盜挖的王家墓地。不幸的是,當時正值戰爭期間,使得這一事件鮮為人知。但是這樣的發掘已經是絕無僅有的了。歷史古蹟從法老時代起就開始遭人洗劫,譬如我們曾得到一批文件,是對20世紀盜挖王陵起訴的訴訟案。20世紀的考古學家很少是第一個涉足墓葬的。因為探尋古建築的活動事實上從來沒有間斷過,它們的目的也許是為了藝術品買賣,也許是為了獲得建築材料。此外,許多地方已無法接觸,因為現代城市已延伸到它們的上面。剩下的不是幾乎被翻了個底朝天,就是被洗劫一空。考古發掘者因此很難有機會找到一具實心金棺。但這又有什麼關係!如果他的發掘嚴謹又有系統,並將挖掘出的東西做不同層面的分析(分層剖析法*),即使是很普通的古代遺物,也耐心地將它們分類、解釋,這將會是一篇法老時代男男女女們的故事,故事或許輝煌壯麗,或許低微卑賤。

剛打開的圖坦卡芒墓

圖坦卡芒的統治末年危機四伏,所以人們匆匆將他掩埋了。由於沒有足夠的時間,陪葬的家具堆放得雜亂無章。當卡特爾鑽進這座墓室,發現了一塊真可謂亂堆雜物的地方。

考古發掘現場

這是一處正在發掘中的利比亞時代貴族墓地,發掘地為赫拉克利俄波利斯。

神與

若干象徵物

	上埃及的燈蕊草與下埃及的紙莎草圍著象形文字 sma，打一個結，意為「聯合」。此為埃及統一之象徵。
	左邊為上埃及王國的白色王冠；右邊是下埃及的紅色王冠。
	國王經常將兩頂王冠合而為一，稱為「雙重王冠」。他以此強調他對全埃及擁有的權力。
	眼鏡蛇狀冠飾*常常戴在法老的額頭。牠鼓著脖子，這是一條怒火滿腔的眼鏡蛇。這種蛇將牠的毒液噴向敵人的眼睛，造成一種灼熱的痛感。因此人們常說，眼鏡蛇用牠的火焰吞噬敵人。
	藍色禮冠*是法老裝飾用的王冠之一。
	草編高帽，頂上有個太陽圓片，旁邊圍以二根鴕鳥羽毛，這就是俄賽利斯所戴的王冠。
	漢姆漢梅特王冠，或稱「三重冠」，由三頂高草帽組合而成，圍以二根鴕鳥羽毛，置於羊角之上。在頂端與底部有太陽狀圓片。眼鏡蛇狀冠飾掛在羊角上。
	尼姆斯是比前者更簡便更常用的帽飾。用藍白布條相間編成，下掛至雙肩，後面在後頸處打個結。

死者

王后們常常在她們的假髮上面再戴一頂帽子，帽子下方是一張禿鷲皮，它的翅膀從兩邊垂下。帽子的上方，或者如圖所示，是二根羽毛與太陽狀圓片，或者是以牛角圍繞的太陽狀圓片。

 該權杖的形狀是帶彎勾的棍子，原是放牧人用來拴捆隨身攜帶的包袱的。
這是權力的象徵，在象形文字中寫作heqa，意為「君主」。

 這也是起源於農業的權杖，可能是用來打麥的連枷。作為權杖，它經常是俄賽利斯標誌。

 這是神所持的權杖，當它被拆開時，權杖的一端，是怪獸之首，長耳朵，長鼻子。它被稱作為ouas，意為「繁榮」。

 這是一個象形文字，形狀是從上往下看的鞋帶。它讀作ankh，意為「生命」。神仙們將之拿在手裡。

 形狀如柱子的象徵物，稱為「哲德」，意為「穩固」。經常與前兩者聯繫在一起。

 該物體被稱作為「埃西斯結」，埃及語為tit，經常與哲德柱連用，作為裝飾圖案（見p 53）。許多護身符帶有埃西斯結的形狀。

 化裝過的眼睛，讀作oudjat，代表荷拉斯的眼睛，曾被他的叔叔塞托挖出來，搗碎。托特將它恢復原狀。它成了「完整」的象徵。

 一位坐著的女子，頭戴一根鴕鳥毛。這就是女神馬阿特。她象徵真理、正義、世界秩序。法老用它作祭品，供奉神靈。在靈魂過秤的畫像中，天平二頭，一頭是死者的心臟，一頭就是馬阿特女神的人像。

87

神

建築上的埃及藝

1799年拿破崙遠征埃及，對古埃及
文明的傳播貢獻很大。許多近代著
名建築曾受到埃及文明的影響。

從古羅馬時候起，在聖保羅門附近
就建起了一座卡伊烏斯・塞斯提烏
斯金字塔（見p.91），塔高37公尺，
建塔者是一位迷戀上埃及文化的羅
馬貴族……

在美國，正是在拉斯維加斯，高傲
的矗立著金字塔的模仿建築（內部
是賭場）和一座司芬克斯像！

在巴黎的蒙梭公園，有座奇特的建
築掩隱其中，這就是卡蒙臺爾金字
塔，為法國18世紀的風景建築。

還是在巴黎，塞弗爾街42號(42 rue
de Sèvres)的法拉噴泉（見p.88頁之
照片）是19世紀帶有埃及風格的人
像，它受到古羅馬安提諾烏斯雕像
的影響。安提諾烏斯是位年輕的希
臘人，英俊貌美，深受羅馬皇帝的
寵愛，後來不幸溺死於尼羅河，使
他的主人痛心疾首！

在1989年，建築家貝聿銘為巴黎羅
浮宮前院建造了玻璃大金字塔。這
再一次證明了金字塔建築幾個世紀
以來吸引人的魅力。

（兩個人在一塊巨大的石灰岩石前停下來，岩石上神祕的象形文字又一次揭示了他們的祕密。）

LES DEUX HOMMES SE SONT ARRETES DEVANT UN ENORME BLOC DE CALCAIRE FIN DONT LES MYSTERIEUX HIEROGLYPHES PROPOSENT UNE FOIS DE PLUS LEUR SECRET.

木乃伊與書

過去的與現代的作家、詩人與小說家在寫作中常常從法老時期的埃及尋求靈感：如Théophile Gautier和他的有關木乃伊的小說（1858年出版）；Sully Prudhomme或José Maria de Heredia 的詩歌，他們的詩歌頌法老與埃及諸神；芬蘭作家Mika Waltari 在當代以他的小說《埃及人西奴海》(1997)而獲得國際聲譽，這部小說是根據埃及文學中的一部傑作改編的。

卡通畫畫家們也不可避免地受到埃及的影響。埃及文化中有他們取之不盡、用之不竭的異國情趣畫面與故事情節。其中如Jacques Martin的《黃金司芬克斯》，Goscinny和Uderzo的漫畫式卡通《阿斯代利克斯與克妻巴特拉女王》，Edgar P. Jacobs的《大金字塔之謎》，在該書的第一冊第9頁裡的象形文字完全是想像出來的，但和真的象形文字極其相像（見本頁上方的畫面）。

「背井離鄉」的文物古蹟

從古代起，一些富裕的羅馬人出於對異國情調的興趣將許多埃及的方尖碑搬到他們的國家裡，現在至少還有13座這樣的方尖碑聳立在羅馬各處……

當今矗立在巴黎協和廣場上的方尖碑是埃及送給法國的外交禮品，它於1831年從盧克索爾*啟程，經過長途旅行，二年後到達巴黎，運送方尖碑的船起名為……「盧克索爾」！這座方尖碑高22.86公尺，重230噸！

還有其它一些埃及的原建築物，特別一些廟堂，遠涉重洋，直達馬德里，甚至紐約！

舞臺上的金字塔

法老埃及文明滲透進入演藝界。首先在歌劇上，莫札特創作了《魔笛》（1791年）， 劇中的主人翁是以俄賽利斯與埃西斯的神廟為背景的（見上面的舞臺裝飾）。威爾第創作了《阿依達》（1871年），該劇的腳本是由Auguste Mariette撰寫的，他是當時最偉大的埃及學家之一，也是一位十分投入的考古學家，並創辦了開羅博物館。

接著，表現在電影上。Steven Spielberg拍攝了《追尋失落的方舟》，其中整整一組鏡頭是在尼羅河三角洲的塔尼斯考古遺址展開的。Cecil B. De的《十誡》中有著名的美國式無袖長袍。還有根據英國作家Agatha Christie的偵探小說改編的電影《尼羅河上的慘案》，其中一些所謂「當地特色」的美工裝飾有時甚為離奇古怪，當時有一個十分巨大的法老頭像豎立在懸崖的一側！

若干埃及詞彙

象形文字在四世紀就已失傳。今日的埃及，人們講阿拉伯語。然而，法老時期的語言在埃及基督徒的禮拜儀式中仍然保留下來，這就是科普特*語。而且在一些方言的詞語中或在阿拉伯地名中也有所表現，例如，在上埃及以它的尼羅河水壩而聞名的亞斯文*市，它的名字就來自古埃及文"sounet"，意為「商業」，因為該地從前是與努比亞交界的一個貨物交換地。甚至在法語中，有些詞也起源於埃及法老時期，譬如，「睡蓮」(nénuphar) 來自古埃及文"néfer"，原意為「美」。王后尼弗爾太提(Néfertiti)的名字詞源是相同的，它的意思是「美已來臨」。古埃及文"seshen"，意為「蓮花」，發展到我們這裡就以名字「蘇珊」的形式出現。詞語「紙莎草紙」(papyrus)和「紙」(papier)是衍生詞，它的原意是「屬於法老的」。

至於煉金術一詞 (alchimie)，這是意為「金額」的古埃及文"kémyt"與阿拉伯文的冠詞"al"相結合的產物。

象形文字入門

若干大學與私立學校開設學習象形文字的課程，而羅浮宮博物館也為少年兒童預備了學習象形文字的場所。

實用信息

羅浮宮博物館(Musée du Louvre)

地址： 34, quai du Louvre, 75001 Paris.

電話： (1) 40 20 51 51.

補充知識

91

參考書目

F. Daumas,法老埃及的文明
(*La Civilisation de l'Égypte pharaonique*), Arthaud, 1965.

Ch. Desroche-Noblecourt,
圖坦卡芒和他的時代
(*Toutankhamon et son temps*),
Hachette, 1967.

Y. Kœnig,古代埃及的魔術與
魔術師(*Magie et magiciens
dans l'Égypte ancienne*),
Pygmalion, Paris, 1994.

P. Montet,拉美西斯時期埃及
的日常生活(*La Vie
quotidienne en Égypte au
temps de Ramsès*),
Hachette, 1946.

G. Posener,埃及文明詞典
(*Dictionnaire de la civilisation
égyptienne*), Hazan,
2e édition, 1974.

P. Vernus et J. Yoyotte,
法老們(*Les Pharaons*), MA
Éditions, Paris, 1988.

P. Vernus,古代埃及愛情之歌
(*Chants d'amour de l'Égypte
antique*), Imprimerie
nationale, Paris, 1992.

東方藝術中的埃及
(*Égyptomania. L'Égypte dans
l'art occidental, 1730-1990*),
Réunion des Musées
nationaux, Paris, 1994.

小說

Agatha Christie,尼羅河上的
慘案(*Mort sur le Nil*), Le
Masque, n°329, 1945.

Théòphile Gautier,木乃伊的
故事(*Le Roman de la momie*),
Garnier-Flammarion, 1966.

Mika Waltari,埃及人西奴海
(*Sinouhé l'Égyptien*),
Olivier Orban, 1977.

電影

Cecil B. De Mille,
克婁巴特拉女王(*Cléopâtre*),
(États-Unis, 1934).

Cecil B. De Mille,十誡
(*Les Dix Commandements*),
(États-Unis, 1956).

Terence Fisher,法老們的惡運
(*La Malédiction des
pharaons*),
(Grande-Bretagne, 1959).

Joseph Mankiewicz,
克婁巴特拉女王(*Cléopâtre*),
(États-Unis, 1963).

Shadi Abd as-Salam,木乃伊
(*La Momie*), (Égypte,1970).

John Guillermin,尼羅河上的
慘案(*Mort sur le Nil*),
(Grande-Bretagne, 1978).

Steven Spielberg,追尋失落的
方舟(*Les Aventuriers de
l'arche perdue*),
(États-Unis, 1980).

連環畫

Hergé,法老們的雪茄煙(*Les
Cigares du pharaon*), «Les
aventures de Tintin»,
Casterman, 1955.

Goscinny et Uderzo,阿斯代利
克斯與克婁巴特拉女王
(*Astérix et Cléopâtre*),
Dargaud, 1965.

Jacques Martin,黃金司芬克斯
(*Le Sphinx d'or*),
«Les aventures d'Alix»,
Casterman, 1971.

Jacques Martin,尼羅河王子
(*Le Prince du Nil*), «Les
aventures d'Alix»,
Casterman, 1974.

Enki Bilal,諸神市集(*La Foire
aux Immortels*), Dargaud,
1980, Les Humanoïdes
associés, 1990.

Edgar P. Jacobs,大金字塔之謎
(*Le Mystère de la grande
pyramide*), Blake et
Mortimer, Bruxelles,
1986 (2 vol.).

De Gieter,紙莎草奇遇歷險記
(Collection «Les aventures
merveilleuses de Papyrus»)
(environ vingt titres).
Dupuis, années 1980.

補
充
知
識

本詞庫所定義之詞條在正文中以星號(*)標出，以中文筆劃為順序排列。

四 劃

五名合稱(Protocole)
法老五個名字的合稱。

內中堂(Naos)
安置神的塑像的聖體龕。

分層剖析法(Stratigraphie)
考古發掘的方法，確定並分析與不同時代相對應的地層。

方尖碑(Obélisque)
常成對地豎在廟宇大門前面的長而尖的石碑。

五 劃

卡納克(Karnak)
古城底比斯*中的最大神廟。現在的遺址占地達幾公頃，蔚為壯觀。

卡諾普罐(Canopes (vases))
放死者內臟的四個陶瓷罐，罐蓋經常是人頭像與怪獸頭像（豺、鷹、猴等）。

占星師(Horoscope)
負責觀察天體與研究曆法的僧侶。

司芬克斯(Sphinx)
躺著的獅身人面像，頭戴布條帽，並戴有假鬚。見克利奧司芬克斯*。

台地(Gebel)
與可耕地接壤的沙漠高地，它陡然升高形成懸崖與小山。

巨羚(Bubale)
在古代埃及常見的一類羚羊。

幼神廟(Mammisi)
祭祀幼神的廟宇。

六 劃

先知(Prophète)
最高等級的僧侶。

地下陵墓(Hypogée)
開鑿在山裡或台地*裡的陵墓，參見希林潔*。

七 劃

克利奧司芬克斯(Criosphinx)
頭為羊頭的司芬克斯*。

希利俄波利斯(Héliopolis)
下埃及城市，崇拜祭祀太陽（拉神、阿圖姆神）的中心。

希林潔(Syringes)
希臘人對底比斯*地下陵墓*的稱呼。

八 劃

亞斯文(Assouan)
埃及南部邊境城市，處在尼羅河的第一瀑布*處，它的對面是埃利方太尼島。

孟斐斯(Memphis)
該城位於上埃及與下埃及的交界處，為埃及古代首都，是普塔神（手藝人的保護神）的崇拜中心。

底比斯(Thèbes)
埃及最大城市的希臘名字。包括現在盧克索爾*與卡納克*神廟遺址，也包括左岸的大墓地，尤其是國王山谷*。

法衣師(Stoliste)
負責聖衣管理的僧侶。

泡鹼(Natron)
碳酸鹽與小蘇打的混合，有多種用途，可用於屍體的木乃伊化。

表音符(Phnogramme)
用圖象的發音來表示音節的符號。

表意符(Idéogramme)
用圖象直接來表示意思的文字符號。

長生殿(Maison de vie)
研讀經書，以及為培養聖職人員而教學的廟房。

阿休特(Assiout)
埃及開始的城市，狼神奧富伊斯的故鄉。

阿拜多斯(Abydos)
上埃及城市，在這裡舉行祭拜俄賽利斯的儀式。

九 劃

柱子大廳(Hypostyle (salle))
由柱子支撐的大廳。卡納克*神廟的柱子大廳有134根柱子。

科普特(Copte(s))
該名詞指的是埃及的基督教徒和他們在宗教儀式上所使用的語言。這種語言代表了古埃及文的最後發展。

限定符(Déterminatif)
放在一個詞的末尾，表示該詞屬於那種類型的符號。

十 劃

埃及古象棋(Senet)
棋盤為20-30格的棋類遊戲，類似法國的擲骰子跳棋。

夏杜夫(Shadouf)
一種取水的用具。

小小詞庫

93

神父(Père divin)
高級僧侶。

神聖大道(Dromos)
從神廟到碼頭的通道。

神學院士(Hiérogramme)
精通神學理論與經文的僧侶。

馬斯塔巴(Mastaba)
一種長方形的墓,墓牆稍微有點傾斜,形狀與一種名叫馬斯塔巴的阿拉伯長凳相似。

十一劃

國王山谷(Vallée des Rois)
底比斯*的王家墓地。

眼鏡蛇狀冠飾(Uræus)
眼鏡蛇形狀的飾物,為法老的護身符,他們將之戴在王冠上。

祭鈴(Sistre)
在祭祀神靈時使用的一種手搖鈴。

陰陽侍者(Serviteur du double)
為死者提供祭品的僧侶。

十二劃

殘片(Ostracon)
用於寫字的石頭或陶器的碎片。

十三劃

塔尼斯(Tanis)
下埃及城市,埃及第21王朝的首都,在此發現一座未經盜挖的王家墓地。

塔門(Pylône)
保護神廟入口的巨型建築。

十四劃

僧書體(Hiératique)
象形文字快捷簡便的書寫方式。

墊頭木(Chevet)
埃及人睡覺時,不是把頭放在枕頭上,而是放在一塊有腳的半月形木頭上。人們也稱這塊木頭為「頭架」。

誦經師(Prêtre lecteur)
誦讀經文的僧侶。

十五劃

德爾麥地那(Deir el-Medineh)
曾為為國王山谷*王陵工作的工匠所居住的村莊。從中發現了極其珍貴的文獻。

澆祭師(Choachyte)
往死者身上灑奠酒的僧侶。

十六劃

橫口斧刨(Herminette)
一種木工刨子。它在宗教「開口儀式」中,也是宗教用具。

橢圓形裝飾框(Cartouche)
圍繞著法老五名最後兩個名字的橢圓形。

盧克索爾(Louqsor)
卡納克*南面的神廟,有條聖道與之相連,現部分被掩埋在現代城市之下。

十七劃

賽伊斯(Saïs)
下埃及城市。現為薩埃爾哈加爾。是崇拜奈伊斯女神(三角洲戰爭神)的地方。

十八劃

瀑布(Cataracte)
尼羅河通過的石壁,即瀑布。

藍色禮冠(Khepresh)
法老豪華的裝飾王冠,藍色。

十九劃

羅塞塔(Rosette)
下埃及城市。一位法國士兵於1799年在此發現一塊以三種語言(象形文字,古埃及通俗文體與希臘文)刻寫的石碑。這塊石碑(羅塞塔碑)使商博良於1822年終於能夠釋讀象形文字。

二十劃

蘆葦筆(Calame)
將蘆葦的一端咀嚼一下,代替書寫的筆。

小小詞庫

所標頁碼為原書頁碼，從粗體號碼的書頁裡可以歸納出該詞完整的意思。

索

引

95

索引

96

索
引

97

一套專為青少年朋友

設計的百科全集

人類文明小百科

· 埃及人為何要建造金字塔？

· 在人類對世界的探索中，

誰是第一個探險家？

· 你看過火山從誕生到死亡的歷程嗎？

· 你知道電影是如何拍攝出來的嗎？

歷史的 · 文化的 · 科學的 · 藝術的

激發你的求知慾‧滿足你的好奇心

三民英漢辭典系列

專業的設計，體貼不同階段的需要

定價 320元

三民 皇冠英漢辭典

- 例句豐富，語法詳盡，查閱方便。
- 插圖幽默生動，輕鬆易懂，有助記憶。
- ▶ 中學生、初學者適用

定價 1400元

三民 廣解英漢辭典

- 收錄各種專門術語、時事用語10萬字。
- 針對國人學習英語的需要，詳列片語涵義及用法。
- ▶ 大專生、深造者適用

增訂完美版

三民 新英漢辭典

定價 900元

- 單字、片語、例句均大幅增加，內容更為充實。
- 新增「搭配」欄，幫助您掌握慣用的詞語搭配，說出道地的英語。
- ▶ 在學及進修者適用

最新出版

三民 精解英漢辭典

定價 500元

- 雙色印刷，查閱輕鬆又容易！
- 大量漫畫式插圖，讓您在快樂的氣氛中學習。
- ▶ 中學生適用

最新出版

三民 新知英漢辭典

定價 1000元

- 「同義字圖表」與「字彙要義欄」，增強學習效率。
- 新穎而生活化的例句，幫助您更易學習。
- ▶ 中學生·大專生適用

國家圖書館出版品預行編目資料

法老時代的埃及／Pascal Vernus著；
　　沈堅譯. －－初版二刷. －－臺北市：
　　三民，民90
　　　　面；　公分. －－（人類文明小百科）
　　含索引
　　譯自：L' Égypte des pharaons
　　ISBN 957-14-2609-1（精裝）

　　1.埃及－文化

761.3　　　　　　　　　　　　86005681

網路書店位址　http://www.sanmin.com.tw

© 法老時代的埃及

著作人	Pascal Vernus
譯　者	沈　堅
發行人	劉振強
著作財產權人	三民書局股份有限公司
	臺北市復興北路三八六號
發行所	三民書局股份有限公司
	地　址／臺北市復興北路三八六號
	電　話／二五〇〇六六〇〇
	郵　撥／〇〇〇九九九八——五號
印刷所	臺北市復興北路三八六號
門市部	復北店／臺北市復興北路三八六號
	重南店／臺北市重慶南路一段六十一號
初版一刷	中華民國八十六年八月
初版二刷	中華民國九十年一月
編　號	S 04002
定　價	新臺幣貳佰伍拾元整

行政院新聞局登記證局版臺業字第〇二〇〇號

有著作權·不准侵害

ISBN 957-14-2609-1（精裝）